100歳のことば100選

日野原重明 編著

PHP文庫

○本表紙図柄＝ロゼッタ・ストーン（大英博物館蔵）
○本表紙デザイン＋紋章＝上田晃郷

はじめに――百歳現役のアクション・ノート

日野原重明

私はこの十月四日（平成二十三年）で、満百歳になりました。

しかし、なんとも忙しい百歳なのです。医師としての診察や回診、聖路加国際病院理事長としての執務、各財団法人や学会などの会議や講演、また「新老人の会」を主宰して、その活動のための講演、小学生たちへの命の授業など、たいへん忙しい毎日をおくっています。

またいろいろとお声がかかるものですから、書籍や新聞連載、雑誌のための原稿執筆、インタビューを受けたり、本の監修などをしたりして、つまり頭と体の休まる時間のない日々を過ごしています。

この序文も、いま朝の回診を終えて、移動中の車のなかで書いています。膝の上に、外国のおみやげとしてもらった、小さなクッション付のラップデスクをのせて、横書きでペンを走らせています。先方に着いたら秘書にファックスして、データなど補足してもらい、その清書された原稿を、病院で受け取ったり、つぎの移動先への途中でチェックしたりします。とにかく三年先までスケジュールがびっちりと詰まっている状態なのです。

それから今日は、私が九十歳のときに脚色した音楽劇『葉っぱのフレディ』のオリジナル版のステージが二度あって、みんなと一緒に私も合唱に加わります。ですから現役の作曲家であり、音楽監督であり、歌い手でもあるわけです。

私は、もちろん自分でやりたい、やらなければいけないな、と考えたことをやっているのですが、人から頼まれると断われない性質《たち》で、そのため輪をかけて多忙な毎日になっているのです。


さて、本書にはさまざまに「長寿な人物」が登場します。実際、百歳までの長命を保つことなくても、人生を《百歳分生きた》偉才な人たちです。そして、さまざまに「感銘することば」が収載されています。

その人物は多彩な分野にわたり、私の生きてきた星霜のなかで畏敬した人もいれば、実際に私が主治医として接した方も多くいます。

そんな人たちの胸に響くことばの一行一行は、生きる励ましになり、安らぎになり、共感をおぼえることでしょう。ときには叱咤《しった》の声と聞こえることがあるかもしれません。

それらのことばがどのような形で、みなさんの生きる日々に届くかわかりませんが、人生の折々の指針となり刺激となることを願っています。

満百歳で、このような「珠玉のことば」の集成ができたことは、私に与えられた最高の栄誉であり、賀寿《がじゅ》なのかもしれません。


私は百歳を迎える少し前から、考えることがありました。

それは、自分のアクションを百歳を過ぎたら少し変えよう、ということです。一年に五百人以上の講演会を百七十回もおこなって、四年間にわたって十日に一度、どこかの小学校で、命の大切さや平和の大切さを語る授業をひらき、年四回は海外の各地で同じような授業を英語でおこなってきた、そんなペースを、八割に下げようと考えたのです。

忙しく行動するためには、とにかく睡眠と休養時間を削らなければなりませんでした。週に一回は徹夜しますし、寝るのも午前一時か二時です。それで朝六時半には起きます。

つぎのゴールは百十歳と決めている私としては、ちょっと自粛して、これまでの八割生活で睡眠時間をもう少し増やす、つまり十二時半以後は仕事をしない、と決意したのです。この百十歳をめざす私の実践は、みなさんにも参考になると思い、いくつかご紹介いたします。

「歩くこと。一日五千歩以上歩く努力をする」

これは以前から実行していることで、トレーニングジムに行く時間がなくなって、とにかく移動は車ですから、なるべく病院や仕事先では、歩く、歩く。

二、三階までなら足で上がります。新幹線のホームへの上下は階段を使います。たとえエスカレーターにのっても、それを階段のようにのぼる、と決めて、その結果、五千歩に達しなくても「努力する」スタンスをあらためて自分に課したのです。

「食べること。三十歳のときの体重・腹囲を維持する」

若いころはよく動きますから、よく食べます。齢を重ねるごとに、動くことは減少しますが、食べることはそのままつづけてしまう。そうなると、腹囲が広がり、体重が増えて、いわゆるメタボリック症候群になるわけです。

私は動物性の脂肪はひかえて、夕食は週四回は魚にしています。使う油は植物油に決めています。朝はリンゴジュースに良質のオリーブオイルを一五グラム入れて飲む。それとバナナを一本、それだけですし、昼は牛乳一杯とクッキーを三枚だけです。

一日一三〇〇キロカロリーの摂取量にしていますので、夕食は朝昼のカロリーを考えると、だいたい八〇〇キロカロリーまではいいわけです。まず大皿に山盛りにした色のついた野菜サラダを食べ、あとは魚料理です。ステーキは週一度くらいで、脂身のない部分を少しいただきます。豆類もいいですね。

そんな食生活ですから、私はまだ三十歳時の腹囲と体重を保っています。

「寝ること。うつむけに寝て二分で熟睡する」

私が十五年前から実践しているのが、うつむけで寝ること。これは二分で熟睡状態に入ります。もちろん睡眠薬もいりません。私の健康法です。

脊椎動物である人間は、まず頭を使い、手で仕事をしますから、日常生活は立たざるを得ません。すると内臓が下がる。ですからせめて夜だけでも動物と同じようにうつむけに、内臓が下垂しないようにすると、胃腸の状態はいいし、腎臓の状態もいい。さらにいえば、いびきはかかないし、腰は痛くないし、肩の凝りもない。ということになります。

高い枕で首を圧迫するのが一番よくないのです。ごく薄い羽根枕か、タオルを二つか三つに折って、側頭部に当てて寝る。これを「うつむけの腹臥位療法」といい、私のおすすめです。

「着ること。下着は薄着、寒暖の調整は上着で」

着ることは、人それぞれでしょうが、私は肌につけるものはわりあいに薄着にしています。仕事も空調の効いた室内が主ですし、移動も車や新幹線・飛行機とかぎられた空間になり、モコモコと着込まなくてもすみます。暑い寒いは上着類で調整します。

病院やそのほかの場所でも、必ずネクタイは締めます。これは習慣です。また、背広や上着は、どういうわけか仕立てると老人風になるので、しゃれたブランドの既製品の上着を選び、少々、肩とか袖を直してもらって着ています。

「考えること。集中していればお腹はすかない」

考えることは習慣になっています。ボーッとしていることはありませんし、そんな時間がないのです。あることに集中して、サッとつぎのことを考えています。

つまり、ダラダラとひとつのことをあとまで引きずらない。打ち合わせである要件について考え、決定するとします。それはそれで、つぎの案件や原稿執筆に集中します。そうするとお腹のことなど忘れてしまうのです。

「書くこと。読書で引き出しを多くしておく」

文学者と違って私の書く原稿は論述ですから、視点が重要です。同じテーマでも人と違った考え、人が見逃している問題を論考していくのです。

原稿のテーマを与えられると、私はパッと頭に落ちてくるものがあって、それが私の引き出しなのです。その引き出しは、「悲しみ」「救い」「忍耐」といった抽象的な項目から、「長寿」「自殺」「夭折」などたくさんのテーマにそってファイルをしています。これが私の原稿執筆の基礎になっています。

「会うこと。会話はドからではなくラからはじめる」

人に会ったら、反射的に笑顔が出るように訓練をしています。ですから、ときどき、鏡を見て、自分で笑顔をつくってみます。女の人も化粧はしますが、笑顔をつくる練習はしていないようですね。いい笑顔の人は美しい。これは子どもの笑顔を真似するのがいいでしょう。「おはよう」というときに、柔らかい笑顔が出るような人になりましょう。

それと会話をするときは、ドレミファの「ド」ではじめないで、ドレミファソラ、の「ラ」の音で「いかがですか」っていえば、聞いた人の表情がやわらぎます。電話でも同じ、低音の「ド」で、「なんですか」ではなく、少し高い「ラ」で、「はい、なんでしょうか」と応える。これは身につけるといい習慣です。

百歳を迎えたいま、百歳をめざすみなさんに「私からのひと言」を——。

人生は五十歳とか六十歳で前半、後半と分かれるものではありません。ハーフタイムは、だんだんあとにきます。そして、あとにくる人生のほうが濃縮するのです。

平成二十三年（二〇一一）十月

装丁――川上成夫
本文デザイン――CGS千葉いずみ
執筆協力――槇野 修

100歳のことば100選

目次

はじめに――百歳現役のアクション・ノート　日野原重明　003

第一章
老いを快適に暮らす

物集高量〈作家〉百六歳　022
三浦敬三〈プロスキーヤー〉百一歳　024
まど・みちお〈詩人〉現・百一歳　026
大西良慶〈清水寺貫主〉百七歳　028
慈眼大師天海〈天台宗僧侶〉百七歳　030
飯田深雪〈アートフラワー創始者〉百三歳　032
宮崎奕保〈永平寺貫首〉百六歳　034
小倉遊亀〈日本画家〉百五歳　036
吉行あぐり〈美容師〉現・百四歳　038
北林谷栄〈女優〉九十八歳　040
宇野千代〈作家〉九十八歳　042
白川静〈漢文学者〉九十六歳　044
住井すゑ〈作家〉九十五歳　046

水の江瀧子〈女優〉九十四歳 048
熊谷守一〈画家〉九十七歳 050
沢村貞子〈女優〉八十七歳 052
横山隆一〈漫画家〉九十二歳 054
外山滋比古〈言語学者〉現・八十七歳 056
猿谷 要〈アメリカ史研究者〉八十七歳 058
金子兜太〈俳人〉現・九十二歳 060
◆100歳のことば「私からのひと言」日野原重明 062

第二章

人生は前を向いて歩く

大野一雄〈舞踏家〉百三歳 066
飯田深雪〈アートフラワー創始者〉百三歳 068
柴田トヨ〈詩人〉現・百歳 070
新藤兼人〈映画監督〉現・九十九歳 072
小島政二郎〈作家〉百歳 074
宇野千代〈作家〉九十八歳 076

朝比奈隆〈指揮者〉九十三歳　078
松下幸之助〈実業家〉九十四歳　080
出光佐三〈実業家〉九十五歳　082
鈴木大拙〈仏教学者〉九十五歳　084
井伏鱒二〈作家〉九十五歳　086
淀川長治〈映画評論家〉八十九歳　088
高峰秀子〈女優〉八十六歳　090
瀬戸内寂聴〈作家〉現・八十九歳　092
川上哲治〈プロ野球元監督〉現・九十一歳　094
奥村土牛〈画家〉百一歳　096
仙厓義梵〈禅僧〉八十七歳　098
鏑木清方〈日本画家〉九十三歳　100
沢村貞子〈女優〉八十七歳　102
◆100歳のことば「私からのひと言」日野原重明　104

第三章

夫婦、家族とともに生きる

松原泰道〈臨済宗僧侶〉百一歳 108
まど・みちお〈詩人〉現・百一歳 110
野上弥生子〈作家〉九十九歳 112
新藤兼人〈映画監督〉現・九十九歳 114
長岡輝子〈女優〉百二歳 116
森繁久彌〈俳優〉九十六歳 118
志賀直哉〈作家〉八十八歳 120
長谷川如是閑〈ジャーナリスト〉九十三歳 122
土屋文明〈歌人〉百歳 124
中川一政〈画家〉九十七歳 126
金子兜太〈俳人〉現・九十二歳 128
沢村貞子〈女優〉八十七歳 130
◆100歳のことば「私からのひと言」日野原重明 132

第四章

わが道をゆく

平櫛田中〈彫刻家〉百七歳 136
片岡球子〈日本画家〉百三歳 138
松原泰道〈臨済宗僧侶〉百一歳 140
梅原龍三郎〈洋画家〉九十七歳 142
土光敏夫〈経営者〉九十一歳 144
石田禮助〈元・国鉄総裁〉九十二歳 146
大倉喜八郎〈実業家〉九十歳 148・150
吉田茂〈政治家〉八十九歳 152
横山大観〈日本画家〉八十九歳 154
斎藤茂太〈精神科医〉九十歳 156・158
吉田秀和〈音楽評論家〉現・九十八歳 160
鈴木真砂女〈俳人〉九十六歳 162
森光子〈女優〉現・九十一歳 164
奥むめお〈婦人運動家〉百一歳 166
竹谷年子〈帝国ホテル接客係〉八十六歳 168

山田五十鈴〈女優〉現・九十四歳　170
◆100歳のことば「私からのひと言」日野原重明　172

第五章 人の世を見さだめる

鈴木鎮一〈バイオリニスト〉九十九歳　176
岡本経一〈出版人〉百一歳　178
金子兜太〈俳人〉現・九十二歳　180
松下幸之助〈実業家〉九十四歳　182・184
石坂泰三〈経営者〉八十八歳　186
岩谷時子〈作詞家〉現・九十五歳　188
中曽根康弘〈政治家〉現・九十三歳　190・192
石橋湛山〈政治家〉八十八歳　194
梅棹忠夫〈文化人類学者〉九十歳　196
吉沢久子〈評論家〉現・九十三歳　198
井伏鱒二〈作家〉九十五歳　200
◆100歳のことば「私からのひと言」日野原重明　202

第六章

芸と技をきわめる

北村西望〈彫刻家〉百二歳 206
中一弥〈挿絵画家〉現・百歳 208
吉行あぐり〈美容師〉現・百四歳 210
佐藤忠良〈彫刻家〉九十八歳 212
中川一政〈画家〉九十七歳 214
武原はん〈日本舞踊家〉九十五歳 216
永田耕衣〈俳人〉九十七歳 218
山田五十鈴〈女優〉現・九十四歳 220
宇野千代〈作家〉九十八歳 222
森繁久彌〈俳優〉九十六歳 224
葛飾北斎〈浮世絵師〉八十八歳 226
奥村土牛〈画家〉百一歳 228
◆100歳のことば「私からのひと言」日野原重明 230

（敬称略）

第一章

老いを快適に暮らす

長生きをするためには、まず第一に退屈しないことだと思うの。僕なんか毎日が忙しくて大変ですよ。本当に死んでるヒマなんかありませんよ。

物集高量

もずめ・たかかず――作家

一八七九年四月三日生～一九八五年十月二十五日没　百六歳

百三歳にして、原稿を書き、競馬をやり、好きな将棋は十時間もぶっ通しでさす。タバコは一日三十本、食べたいものを歯のない歯茎でなんでも食べる（大好物は鰻）。『百三歳。本日も晴天なり』（日本出版社、一九八二年）を執筆して、右のことばを述べている。

白髪をオカッパにして、不精ひげに太い黒縁のメガネ、百歳を超えたころから、さかんにテレビや雑誌に取り上げられていたから、その風貌を記憶されている方も多いだろう。とにかく風変わりな長寿人であった。

国語学者、物集高見《もずめたかみ》の長男として、明治十二年（一八七九）神田に生まれる。六歳のとき骨膜炎にかかり、左足の自由を失う。東大の文学部を卒業して、本人いわく「大阪朝日で一年二ヶ月、博文館で八ヶ月、比叡山の学校で英語と歴史を教えたのが九ヶ月」の月給取りのあと、無頼なことも含めて、さまざまなことをして、「人間関係の煩わしさを避けてきた」らしい。

父親の物集高見は東京帝大教授で『広文庫』（全二十巻におよぶ史料百科辞典）や『群書索引』などの編纂で知られる学者。その遺産で高量は暮らした部分もあったが、最晩年は生活保護を受けていた。

昭和六十年（一九八五）、本人が確信していた寿命二百歳には届かず、百六歳で黄泉《よみ》に向かった。

どの時点での喜びが一番大きいかと聞かれれば、「今」と答えるしか、ありません。

三浦敬三

みうら・けいぞう――プロスキーヤー

一九〇四年二月十五日生～二〇〇六年一月五日没 百一歳

九十九歳にしてモンブランの大滑降に成功したプロスキーヤーで山岳写真家の三浦敬三が、自著『101歳の少年』（実業之日本社、二〇〇五年）で語った右のことばの前段は、「今日もスキーができた。明日、また新しい雪山に登る。そんなふうにして毎日を送っているから、どの時点での……」とある。百一歳で矍鑠《かくしゃく》として、「今」が喜びという。

明治三十七年（一九〇四）青森に生まれ、北大卒業後、営林署に勤務しながら、スキー技術の研究と山岳写真に没頭する。昭和三十年（一九五五）、五十一歳のとき青森営林局をやめて、フリーの写真家となる。

長男の冒険スキーヤー三浦雄一郎をモデルに傑作写真を撮りつづける。妻を亡くしてからは二階建ての一軒家にひとり暮らし、九十歳を超えてもトレーニングを欠かさなかった。

モンブラン大滑降のとき、途中わずかに孫のプロスキーヤー雄大氏に背負われたことがあり、「雄大の背は広く私を背負っても安定な滑りをして非常に楽で安心だったが、精神的な苦しみはその倍以上もあった」と意地をみせる。さらに、101歳の少年は、「わたしの今の目標は、もっとスキーがうまくなることとです」と、探求一筋のわが道を語るのであった。平成十八年（二〇〇六年）一月五日に、百二歳を四十日前にして永眠した。

世の中に「？」と「！」と両方あれば、ほかにはもう、何もいらんのじゃないでしょうかね？

まど・みちお
詩人

一九〇九年十一月十六日生〜　現・百一歳

平成二十一年（二〇〇九）の一月三日と一月三十日にNHKスペシャルで「ふしぎがり～まど・みちお　百歳の詩」が放送された。その後、『百歳日記』としてNHK出版（生活人新書、二〇一〇年）から刊行されている。

まど・みちお（本名・石田道雄）は童謡「ぞうさん」や「やぎさんゆうびん」を書いた詩人である。ただ詩人として世に出るのは遅く、「ぞうさん」は四十二歳、第一詩集は五十九歳のときに出版された。それからはさまざまな賞を受賞して、九十四歳で日本芸術院賞に輝いた。

明治四十二年（一九〇九）十一月生まれのまど・みちおは、NHKの番組で放映された当時、車椅子での病院生活であった。入院中に絵を描き、日記を綴っている。その日記の文章が右書になった。

ユーモアにあふれたとてもいい文章で、こころに沁みる語り口調が、それを読むものに慈しみの波紋をひろげてゆく。

「？」不思議なことはどこにでもあります。「これなんだろう」「あれなんだろう」「それなんだろう」と、まど・みちおの好奇心は老いてますます豊かにひろがる。

「！」あるとき突然何かに気がついたり、感動したりする。

日記には「？」と「！」ばかりだという。

いつ死んでも、ありがとうや。

大西良慶《おおにし・りょうけい》――清水寺貫主

一八七五年十二月二十一日生～一九八三年二月十五日没　百七歳

昭和五十一年（一九七六）一月三十一日、NHKの記者山下頼充さんの家に五つ子が誕生した。その名づけ親となったのが、当時、百歳の清水寺貫主大西良慶だった。

たしか良慶氏のまわりに五つ子が寝かされているような写真が新聞やテレビに流れたと思うが、長寿で著名な高僧から名をいただくというありがたさより、ああ、この赤ん坊たちもこうして年取るのかな、といった、いささか悍《おぞま》しいような感じをいだいたことを記憶している。

大西良慶は明治八年（一八七五）奈良の寺に生まれ、興福寺で得度、法隆寺の佐伯定胤《さえきじょういん》（当時としては長寿で八十五歳で没）に学んだ。法相宗管長などを歴任して、昭和四十年（一九六五）清水寺を北法相宗として独立させた。「よく食べて、よく働いて、よく眠ること」を信仰生活のモットーに掲げていた。また講話集『ゆっくりしいや』など、肩の凝らない人生訓にあふれた著書も多い。「自分の寸法のおこないを心がけたらいい」ともいった。

死に対しては、室町時代の臨済宗の名僧で、奇行の逸話の多い一休宗純《いっきゅうそうじゅん》（一三九四〜一四八一）にも、

「生れては死ぬるなりけりおしなべて釈迦も達磨も猫も杓子も」

と、いかにも異才らしい達見がある。

長命は粗食、正直、日湯《ひゆ》、陀羅尼《だらに》、おりおり御下風《かふう》あそばさるべし。

慈眼大師天海

じげんだいし・てんかい――天台宗僧侶

一五三六年生〜一六四三年十月二日没　百七歳

寛永二十年（一六四三）の十月二日に没したことはわかっているが、生年が不明とされ、天海の生涯はなぞにつつまれていた。明智光秀ののちの姿というおもしろい説もあった。

徳川家康の帰依を受け、二代秀忠、三代家光にも重用されて、比叡山延暦寺の再建、上野寛永寺の造営をなしとげた。

同じように家康の政僧（黒衣の宰相）として暗躍した済家《ざいけ》の僧、以心崇伝《いしんすうでん》（一五六九～一六三三）も同時代にいるが、崇伝にくらべ、天海はだいぶ世間の評判はいいようだった。

崇伝と天海が家康の神号を、明神にするか権現にするか、言い争ったとき、天海は豊臣秀吉が豊国大明神として祀られていることを指摘して、自説の権現（東照大権現）に決定させたという逸話も残る。

右の長寿の秘訣のうち、下風とはオナラのことである。さらに長寿の条件をあげ、

「気は長く、つとめはかたく、色うすく、食ほそうして、心ひろかれ」

ともいっている。

なお、近年では歴史学者の調べによって、天海の没年齢は百七歳とされているので、それを用いた。

九十一歳になっても私が元気で暮らせるのは、
ひとえに忙しいからなのです。

飯田深雪

いいだ・みゆき――アートフラワー創始者

一九〇三年十月九日生～二〇〇七年七月四日没　百三歳

料理研究家でアートフラワーの創始者である飯田深雪は、結婚後、外交官の夫とともにアメリカ、インド、ヨーロッパへ赴いた。

これら外国生活の経験から戦後すぐに、知り合いの子女らに西洋料理と布から花をつくる（のちにアートフラワーと命名）ことを教えはじめる。小規模な教室であった。

深雪は一九〇三年（明治三十六）十月九日の生まれだから、そのとき四十二歳ではじめて仕事を持ったことになる。

「私は花とだんご、ふたつの道を併行させてひとすじに歩いてきました」

と、のちにいう。

「花とだんご」とはじつにうまいたとえで、一九六四年（昭和三十九）に「飯田深雪スタジオ」を創設してから、アートフラワーと料理の教室を各地に展開していく。

また女性の生き方に対してのエッセイも多く執筆した。

「つまり二頭立ての馬車をコントロールしながら走ってきたわけです。その多忙さが、そしてふたつの仕事のバランスをとりながら歩んできた生活が、私に、ひとも驚く健康をもたらした」

と述懐している（『今、言い残しておきたいこと』海竜社、一九九五年）。

身体と心はひとつ、身体をまっすぐにすれば、
心もまっすぐになる。

宮崎奕保

みやざき・えきほ——永平寺貫首

一九〇一年十一月二十五日生〜二〇〇八年一月五日没　百六歳

明治三十四年（一九〇一）十一月二十五日に生まれ、平成二十年（二〇〇八）一月五日に亡くなったから、永平寺第七十八世の貫首、宮崎（梅崖《せんがい》）奕保百六歳の大往生である。

十一歳で加古川の福田寺に入寺、同寺の住職、札幌の中央寺住職をへて、七十歳ころ肺炎で片肺を失うも、九十三歳で曹洞宗の大本山である永平寺の貫首に就く。

生涯肉食をせず、独身を貫き「現代の道元」と称えられる。また存命中に一万巻の般若心経を写経したという。

宗祖道元の曹洞禅は只管打坐《しかんたざ》（ひたすら坐禅をすること）を第一に宗義として、宮崎はそれを徹底的に実行した。

「ほめられようと、ほめられなくとも、時がくれば花が咲く。自分のやるべきことを黙ってやって、去っていく」

といったとも伝わる。

梅のように老いを生きたい。

小倉遊亀

おぐら・ゆき――日本画家

一八九五年三月一日生～二〇〇〇年七月二十三日没　百五歳

人間は齢をとると、老醜のみじめさを味わわなければならない。でも梅の木は年老いてこそ美しさにますます深みを増してゆく。右のことばは、画業の後半生に好んで梅を描いた小倉遊亀の、晩年の思いだと伝わる。

八十八歳の「つかのま」、九十六歳の「咲きそろう」などの作品で梅の花の艶容さをあらわした。

明治二十八年（一八九五）滋賀県大津市に生まれ、奈良女子高等師範学校（現・奈良女子大学）の国語漢文科に入学、首席で卒業後、女学校で教壇に立った。

大正九年（一九二〇）安田靫彦《ゆきひこ》の門に入り、三十七歳のとき女性でははじめて日本美術院の同人となる。

そして、同じように禅の道をもとめる小倉鉄樹と四十三歳で結婚するが、鉄樹は六年後に亡くなってしまう。

「画業は座禅と同じ、対象に宿る美を発見するためには、無心の態度を養わなければならない」

それは、つまり「求道精進」――、遊亀の制作にのぞむ覚悟であった。

「身は老いるとも、心いまだ老いず」っていう言葉、いいでしょう。これが秘訣でしょうか。

吉行あぐり

よしゆき・あぐり――美容師

一九〇七年七月十日生～　現・百四歳

「逆縁」とは、親が子の弔いをするようなめぐりあわせをいう。

吉行安久利（本名）は、長男吉行淳之介を平成六年（一九九四）に亡くし、次女でやはり芥川賞作家の吉行理恵を同十八年（二〇〇六）に亡くしている。長寿者ならではの悲しみであろう。また、あぐりは最初の夫君、吉行栄助（筆名エイスケ）とは三十三歳のときに死別している。

「たくさんの人に死に別れて参りましたが、でもね、淳に死なれましてね、今でも、ほんとうに悲しいですよ。毎日毎日、ほんとうに悲しいことです」（「サライ」一九九七年八号）

十五歳で一歳年上の吉行栄助と結婚。岡山で手広く土建業を営んでいた吉行家の若い嫁となるが、栄助は東京にいることが多く、文学活動をしていた。

大正十四年（一九二五）洋髪美容師の先駆者、山野千枝子の内弟子として住み込み修業。昭和四年（一九二九）市谷に「山ノ手美容院」を開店、支店も出して発展するが、戦災ですべてを失う。

昭和二十七年（一九五二）ふたたび市谷の地で「吉行あぐり美容室」を再開する。四十五歳のときである。以来、平成十七年（二〇〇五）に店を閉じるまで、秩父宮妃をはじめ作家の佐多稲子、円地文子らなじみ客に支えられた、九十八歳の現役美容師であった。

老齢をきわめても、わたしはまっ直ぐに躰を保って、すっすっと歩を運ぶのが好きだ。

北林谷栄

きたばやし・たにえ――女優

一九一一年五月二十一日生～二〇一〇年四月二十七日没　九十八歳

北林谷栄は、私たちにはなんといっても、絶妙な老婆役でなじみ深い役者である。

もう二十年あまりも前になるが、一九九一年公開の、岡本喜八監督「大誘拐」で傑作な老け役（といっても本人八十歳近い）を演じて、第十五回日本アカデミー賞最優秀主演女優賞を手にした。

どうしても一般には映画出演やテレビドラマで見る印象が強いが、北林谷栄の真骨頂は舞台にあった。明治四十四年（一九一一）銀座に生まれ、山脇高等女学校を卒業、昭和十年（一九三五）の創作座にはじまる演劇活動は、同二十五年（一九五〇）の滝沢修、宇野重吉らとの劇団民藝で花開く。舞台の代表作は「泰山木の木の下で」など。

また、映画の代表作には「ビルマの竪琴」「キクとイサム」「にあんちゃん」がある。

『九十三齢春秋』（岩波書店、二〇〇四年）でこれまでの道のりを振り返り、「心と頭をコキ使って徒手空拳でやってきました」

という女優人生の境涯を語っている。

平成二十二年（二〇一〇）四月二十七日、もうあと一ヶ月弱で数え百歳という大往生であった。

なるべく菜食。間食は一切しない。いつでも腹の中は風が吹いているように軽い。

宇野千代

うの・ちよ――作家

一八九七年十一月二十八日生～一九九六年六月十日没　九十八歳

健康の秘訣を聞かれたとき、食べものについて、宇野千代はこう答えている。これを宇野千代全集の月報（巌谷大四の原稿）で読んだとき、思い出したのは、内田百閒《ひやっけん》のつぎのことばだった。

「肉感の中で一番すがすがしい快楽は空腹感である」

百閒の鉄道紀行『第二阿房列車』にある。この阿房列車シリーズは、渋いウエットに富む名随筆で、

「なまけるには体力が必要である」

と、無用の列車旅行に出かけるのである。昭和四十六年（一九七一）に八十一歳で亡くなった内田百閒は名文家として高い評価を得ている。これも随筆家として名人芸に達した江國滋（平成九年没、六十二歳）は、食糧のない時代、おやつ代わり、食事代わりに百閒の文章を読んだという。空腹の青年に百閒の名文は沁《し》み通ったに違いない。

なお、宇野千代は死の三年前、

「今、私は、まことに自然に朝、昼、晩の食事をいただいております。三度三度、一食として欠かすことはありません」（『私の幸福論』海竜社、一九九三年）

と述べている。

神様には「これから四、五年用事がございます」
と申し上げております。

白川 静

しらかわ・しずか――漢文学者

一九一〇年四月九日生～二〇〇六年十月三十日没　九十六歳

代表的な仕事に、字書三部作『字統』『字訓』『字通』がある白川静は明治四十三年（一九一〇）福井市で生まれた。一生好きな書物を読んで暮らしたい、という初心から、苦学して立命館中学の教諭となり、のちに立命館大学文学部の教授となる。

七十三歳のとき、漢字学の集大成として右の字書の執筆をはじめる。五十年あまりの蓄積が高齢になって実をむすんだ大器晩成型の学者である。平成十六年（二〇〇四）に文化勲章を受章した。

渡部昇一との対談『知の愉しみ 知の力』（致知出版社、二〇〇一年）で白川静の九十一歳の生活が語られるが、毎日きちっと三十枚の原稿を書くという。

「同じことを続けると摩擦も少ないし、消耗も少ない。言わば長持ちする」といい、休んだらだめ、途中で「半分来たから、もう大丈夫」と思っては絶対にいかん、九十九里をもって半ばとする、と戒めている。

命のかぎりは天命だけれども、勝手にされても困るので、右のように神様にお願いしているといい、そのかわり自分もウロウロせずに、仕事一途の生活に没頭している。

「天が猶予してくれているわけですからな。そう思ったら遊んでおれん。温泉なんか行っておれん」と語っていた。その天命は平成十八年に閉じられた。

迷惑をかけられるのはいい。でも自分はだれにも迷惑をかけたくない。

住井すゑ

すみい・すえ――作家

一九〇二年一月七日生～一九九七年六月十六日没　九十五歳

娘の増田れい子は、その著書『母 住井すゑ』(海竜社、一九九八年)で、右のことばが母の口癖であったという。

明治三十五年（一九〇二）一月、奈良県田原本町に生まれた住井すゑは、小説家で農民運動家の犬田卯《いぬたしげる》と結婚、豊かでない生活を支えながら、子どもたちを育て、自分も小説を書く。『橋のない川』は昭和三十六年（一九六一）からながねん書きつづけられた七部構成の大部な小説で、住井すゑの代表作となった。

牛久沼のご自宅をお訪ねして晩年にお目にかかった。炬燵《こたつ》に入ったままであったが、口調もキビキビとして、いかにも意思の固い人だと感じた。

一九九七年（平成九）一月下旬に、突然、すゑは足腰の立たない状態になり、入院した。このときすゑは死期が近いことを自覚して、

「私の人生は終りました。このさき私の世話は不要です」

とまわりの人にいい、不自由な体になり、それでも、まだ生きていること に、我慢ならない思いをいだいたようだと、増田れい子は、右の著書で記している。

「どうしてひと思いに死ねなかったか。私は死ぬことに失敗した」

この住井すゑのことばを知って、お会いしたときの鋭い眼光を思い浮かべた。

生前葬をやってから、見る物すべて素晴らしく見える。（略）なんだか前より気持ちがおおらかになったようだ。

水の江瀧子
みずのえ・たきこ――女優

一九一五年二月二十日生～二〇〇九年十一月十六日没　九十四歳

平成五年（一九九三）、水の江瀧子は満七十八歳を迎える前日、生前葬をおこなった。

身の回りのことを手伝ってくれる人はいるが、独り身だった。

都内のホテルで催されたその会には生花に飾られた大きな祭壇がしつらえられて、乗馬好きの彼女のために鞍も置かれていた。

森繁久彌や三船敏郎など映画界の重鎮が列席して、浅丘ルリ子が弔辞を読んだ。

この生前葬は二部構成で、後半は「復活祭」としてあった。その復活祭のように、水の江瀧子は、平成二十一年（二〇〇九）十一月十六日、満九十四歳の人生をまっとうしたのである。

水の江瀧子は愛称ターキーとよばれ、東京松竹楽劇部（のちの松竹歌劇団）の第一期生で、男装の麗人として絶大な人気を博した。

四十三歳のとき日活の映画プロデューサーとなり、石原裕次郎を世に出したことで知られる。右のことばは『ターキーの気まぐれ日記』（文園社、一九九八年）から引いた。

わたしってしみったれですから幾つになっても命は惜しいです。命が惜しくなかったら見事だけれど、残念だが惜しい。

熊谷守一

くまがい・もりかず――画家

一八八〇年四月二日生～一九七七年八月一日没　九十七歳

「画壇の仙人」と称された白鬚の風貌、永遠を見つめるような眼差し、パイプを片時も放さず、蟻の動きを日がな一日見ているというおおらかさ。八十七歳のときの文化勲章内定も、九十二歳の勲三等叙勲の内示も、「お国のためには何もしていないから」と固辞した。

明治十三年（一八八〇）に素封家の家に生まれ、東京美術学校（現・東京芸術大学）西洋画科選科では、青木繁などと黒田清輝の指導を受けた。両親の死後、極貧におちいり、日雇いなどをするが、いたって悠々たる暮らしぶりであったという。

絵を描けばお金になるのに描かない。子どもが病気になっても医者をよぶお金がない。夫人は、絵を描いて換金したいと頼むのだが、「子どもが病気で心配なとき、絵を描けるような画家の気持ちが私にはわからない」とオロオロするばかりだった（「アサヒグラフ美術特集・熊谷守一」解説・今泉篤男）。

明るく大胆な平面的な画風に独特の詩情を込めて、草木や小動物を描いた。自伝『へたも絵のうち』（日本経済新聞社、一九八三年）に、

「私は子供の時から他人《ひと》を押しのけて前に出ようとする気がないから、何も怖いものはないのです」

とある。九十七歳の生涯であった。

寄りかかるものを決してさがさず、転んでもすべっても、何とかひとりで立ちあがり、昨日は昨日、今日は今日とそのときどきの絵を描いてゆくより仕方がない。

沢村貞子
さわむら・さだこ——女優

一九〇八年十一月十一日生〜一九九六年八月十六日没　八十七歳

自宅の書棚を見ていたら、沢村貞子の本が三冊あった。読書家の家人が読んでいたらしい。セピア色になった本屋のカバーがしてあって、それに書名と著者名が崩し書きされていた。明治生まれに通じるこころを読みとっていたのだろう。

『わたしの三面鏡』（朝日文庫、一九八六年）のなかに「あまえ」という一文がある。

元スターだった女優さんの「前官待遇」をもとめる逸話が、老人の甘えとして書かれている。その女優さんが、はじめて老けの脇役にまわされたときの口惜しさ、やるせなさは、私にはよくわかる、としながら、沢村貞子は、

「いつまでもこの職業をつづけたい、と願うなら――（右のことばにつづく）」

というのだった。

もちろん「この職業」は俳優にかぎらない。世上の中高年諸氏に、ぜひ銘肝していただきたいことばではなかろうか。さらに、

「若さの甘えは、まだ多少のかわいげがあるけれど、年寄りの押しつけがましさには、まわりのものはただ、しらけるばかりである」

と、手厳しい。

五十年起きて、五十年眠って、それで合計百年生きる。それが僕の理想なんです。

横山隆一
よこやま・りゅういち——漫画家

一九〇九年五月十七日生〜二〇〇一年十一月八日没　九十二歳

兄弟とも漫画家で、しかも長寿となると、これはDNAの問題かもしれない。弟・横山泰三は一九五四年（昭和二十九）から一九九二年（平成四）まで朝日新聞の朝刊に「社会戯評」を描きつづけた。一九一七年（大正六）二月二十八日生まれで、二〇〇七年、満九十歳で亡くなった。

兄の横山隆一は一九〇九年（明治四十二）五月十七日に生まれ、地元の旧制中学を卒業すると、すぐに上京して、いまの芸大をめざすも二度受験に失敗、その後、彫刻家に弟子入りするが、当時、日本画家の副業だった漫画に新風を吹き込もうと、二十二歳で、本人いわく日本初の職業漫画家になった。杉浦幸男、近藤日出造らが同志であった。

「江戸っ子健ちゃん」や「フクちゃん」で人気を博す。「フクちゃん」は昭和十一年から四十六年まで（隆一が二十七歳から六十二歳の時期）描きつづけた。一九九四年（平成六）には漫画家としてはじめて文化功労者に選ばれた。

晩年は油絵を熱心に描き、

「うんと働かないと、晩の酒がまずいもん」

と、雑誌「サライ」のインタビューに答えていた（一九九五年二〇号）。平成十三年（二〇〇一）満九十二歳で亡くなった。

ときには失敗もありますが、楽しい多忙です。

外山滋比古

とやま・しげひこ——言語学者

一九二三年十一月三日生～　現・八十七歳

大正十二年（一九二三）十一月三日に生まれた外山滋比古は、もうすぐ八十八歳になる。

右のことばは、朝日新聞「人生の贈りもの」欄の最終回の文末にある（二〇一一年五月九日付。聞き手・深町あおい記者）。

本書にことばをいただいている長寿な方々は、現役の方も、故人でも物集《もずめ》高量《たかかず》や平櫛田中《ひらぐしでんちゅう》、飯田深雪など、日々忙しいことが、たいへんな人生を歩む滋養になっている。いや、もしかしたら登場していただいたみなさん全員がそうなのかもしれない。

お茶の水女子大の元教授で、英文学者という枠ではとらえられないほど、多彩な分野の著作（旧作の『思考の整理学』がまたベストセラーになった）を持つ外山滋比古も同様で、

「僕にとって元気のもとは、散歩とおしゃべり、それと勝手なことを書いたり考えたりすること」

といい、昭和女子大を退職（一九九九年）後の第二の人生のほうがおもしろく、死ぬならそんな仕事中がいいそうだ。

彼の死が美しかったのは、彼の生が美しかったからである。

猿谷 要

さるや・かなめ——アメリカ史研究者

一九二三年七月十九日生～二〇一一年一月三日没　八十七歳

アメリカの黒人史が専門分野であった猿谷要は、終戦後、軍隊から復学した東大で米国史を研究する。その動機のひとつに、戦争末期、北海道で訓練中に低空で襲来してきた米軍機の若いパイロットの顔があった。「鬼畜」の顔ではなく、友だちになりたいような青年の顔だったことをあげる。

米国研究をしているわりに、アメリカの地を最初に踏んだのは、四十二歳と遅かったが、各州をくまなく歩く。そしてアメリカ人がいっそう好きになる。

ラルフ・マッギルという南部の新聞編集長がいた。人種差別の激しい南部で彼は差別反対の社説を書きつづける。銃弾を自宅に撃ち込まれたり、脅迫の電話や手紙は絶えることがなかった。しかしその論調を変えることなく、「南部の良心」として訴えつづけた。その仕事ぶりにピュリッツァー賞が贈られたが、七十歳の誕生日に心筋梗塞で亡くなる。

夫婦でアメリカをめぐることの多かった猿谷要たちにも、まるで親のような温かさで接してくれたという。敬愛するラルフの死を聞いて、猿谷は右のことばを記したのである。(『アメリカの風』実業之日本社、二〇〇二年)。

猿谷要は愛妻を二〇〇九年(平成二十一)夏に亡くしており、本人は二〇一一年の正月、八十七歳で妻のもとへ往った。

自分をどう滑らかに、だれにも迷惑をかけないで生かしていくかを考えてきた。

金子兜太
かねこ・とうた——俳人

一九一九年九月二十三日生〜 現・九十二歳

ここに掲出した金子兜太のことばは、平成二十二年（二〇一〇）に角川学芸出版から刊行された、日野原重明と金子兜太の対談『たっぷり生《い》きる』による。

皆子夫人を先に亡くした金子兜太は、同じような高齢の男性が心配することに心を傾ける。

それは、兜太には息子がひとりだけで、妻の闘病中も息子の嫁さんに負担をかけたから、さらに自分の面倒をみることで、その負担を増やしてはいけない、という思いだった。

妻の亡きあと、自分が病気になったり、わがままをいったりしてはいけない、嫁さんに負担をかけないことを、目標にしたというのだ。

自分本位で生きてきたから、こらえ性のない人間になっているのではないか、と自省する金子兜太は、

「自分のことは自分で処理する生活」

「体を養う生活」

このふたつを志して、右の考えにいたるのである。自分をどう生かしていくか。われわれ中高年者の目の前に突きつけられた命題である。

◆100歳のことば「私からのひと言」

寿命は長ければ長いほどよいわけではありません。めいめいが与えられた寿命は、めいめいが自主的に生きがいを持って使える時間でなければなりません。

日野原重明

朝日新聞の土曜版「be」に、「あるがまゝ行く」と題して連載をはじめたのは、九十一歳のときでした。その副題に「91歳・私の証」とつけ、それはいま、「99歳・私の証」になっています。

この「週記」が私のエッセイ風な日記がわりです。右のことばはそのはじめのころに書いた一文です。

私の人生は齢を重ねるごとに、加速度がついて忙しくなりました。

小学生のころには急性腎炎で百日近く自宅療養をしました。また、京大医学部一年生の春休みに結核性胸膜炎を患って一年間休学したこともあって、からだに自信が持てなかった私ですが、神様から与えられた寿命は意外に長かったようです。

ですからその時間を大切に生きていかなければならないと、医師としての仕事以外のことも積極的に活動するように、自分の身をさまざまなところに置くようにしてきました。

すると、その場その場で新たな感動を得ることになりました。感動が積極性を高め、好奇心がまた感動を与えてくれています。

第二章

人生は前を向いて歩く

木の成長は見えないけれども、数日経てばちゃんと成長しているのがわかるじゃないか。

大野一雄

おおの・かずお――舞踏家

一九〇六年十月二十七日生～二〇一〇年六月一日没　百三歳

舞踏家大野一雄は二〇一〇年（平成二十二）六月、百三歳の生涯を終えた。筆者はその分野にまったく疎いが、九十歳を超えて、いったんは歩行困難になりながら、病院を抜け出し、自分の舞踏研究所で、徹底的に身体の鍛え直しをおこなった、という話を知って、氏の長寿は強固な意思によって支えられている事実に驚いた。

右のことばは、若い舞踏家へ、手の動きについていったもので、前段で、「花をよく見てごらん。咲いたらね、枝の先まで花をつけてるよ」といい、手の先が死んでいないかどうか気にするよう指導するのだ。

また、「目が足の裏まで降りていかなきゃいけない」ともいう。

頭の先からつま先までの全身が表現機能である舞踏家の緊迫感であろう。

これら一雄のことばは、『大野一雄 魂の糧』（大野慶人編、フィルムアート社、一九九九年）に詳しい。

また、大野一雄に兄事し、互いに研鑽しあった土方巽《ひじかたたつみ》（一九八六年没、五十七歳。暗黒舞踏派を名乗った）は、

「舞踏とは命がけで突っ立った死体である」

といっている。

生きるということは、身も心も忙しく働かせる
ということなのですね。

いいだ・みゆき――アートフラワー創始者
飯田深雪

一九〇三年十月九日生～二〇〇七年七月四日没　百三歳

百三歳と九ヶ月あまりの長寿をまっとうした飯田深雪は、元来、蒲柳《ほりゅう》の質《たち》で健康には自信がなかったといっている。

しかし、「ひとも驚く健康」な人生を歩んでこられたのは、心をいつもわだかまりのない気持ちのいい状態にしておいたからだという。それは、

「たとえ、戸棚の掃除というような小さなことであっても、気になっていたら、すぐに、片づけなくてはいけません。誰が知らなくても、自分で気持ちが悪い状態にしていてはいけないのです」

という心構えで、そういう思いが絶えず忙しく、じっとしている暇をあたえない、と前掲書に記している。

そして「やるべきことは書いておくことです。人間の記憶力を、あまり過信しないことです」とアドバイスしている。

そのやるべきことを終えたとき、書いた項目を消す。この消すというときの気持ちのよさ、それがつぎのステップにつながるといい、

「人は、今、やらないことは、往々にして一生やらないものです」

と至言を提示してくれる。

花が咲いた、花が咲いた。

柴田トヨ

しばた・とよ――詩人

一九一一年六月二十六日生～　現・百歳

はじめての詩集『くじけないで』（飛鳥新社、二〇一〇年）が百万部を超えたという（二〇一一年二月）。

そもそも詩集は部数が出ないというのが出版界の常識で、この百万部には誰もが驚いた。

でもいちばんびっくりしているのは柴田トヨ本人だろう。

九十一歳から詩を書きはじめ、二〇〇九年（平成二十一）十月に私家版を出した。本にまとまったことで喜んだ。息子のおかげだった。それが東京の出版社で新装されて、全国に行き渡った。

そしてマスコミが、「白寿の詩人」と注目したのである。

そのころから「花が咲いた」が口癖になったと、トヨは朝日新聞の「ひと」欄の記者（今田幸伸）に語る（二〇一一年二月二十七日付）。

花が咲いた、花が咲いた。

――誰の人生にも、「花が咲いた」と形容される時期があるものです。

と宇野千代は、春の盛りを迎える若い娘に語ったが、明治四十四年（一九一一）生まれの老少女にもいま大きな花がパッと咲いた。

自分は世界で唯一の貴重な存在なんだと考えることが大切なんです。そうすると、他人も自分と同じように、大切な存在なんだと気づくはずです。

新藤兼人

しんどう・かねと――映画監督

一九一二年四月二十二日生～　現・九十九歳

新藤は夫婦という関係について雑誌「サライ」のインタビューで、ずいぶんと長く話している。それを読むと、世の一般的な夫婦のあり方にくらべて、新藤と乙羽信子のそれは、どこか緊張した関係にみえてくる。

「ぼくらは対等に、五分五分で付き合ってきた」といい、前妻の死後、乙羽と結婚するとき新藤は、「家庭をおろそかにしてもらいたい」と願った。

それは、やはりふたりで映画製作に向かうためで、「女優七分、家庭三分で充分」と乙羽信子にいったことにあらわれて、「ぼくらにとって仕事そのものが人生だった」という大前提がふたりにあったからだ。

熟年の離婚が多いことにふれ、新藤は、それは結局、どっちかがどっちかの犠牲になっていた、人生を棒に振ったと感じているからじゃないか、という。つまり、

「夫婦といえど、危機感も持たずに、安穏に寝そべっていてはだめです」

と厳しく指摘する。

夫婦関係から敷衍《ふえん》して、新藤は個としてまだまだ確立していない私たち日本人に、右にあげたことばを投げかけるのである。

どんな不作法も、死の前には許される。

小島政二郎

こじま・まさじろう——作家

一八九四年一月三十一日生～一九九四年三月二十四日没　百歳

慶応の先輩後輩の関係で、文学上でも先輩にあたる久保田万太郎の突然死に、小島政二郎が『鷗外荷風万太郎』（文藝春秋、一九六五年）のなかで憤慨している。

久保田万太郎は、俳句や下町の人情小説にすぐれた作品を残しているが、その文学的な評価より文壇・演劇界でにらみをきかせた高慢な権力者として世上では高名であった。

しかし万太郎の気質をよく知る政二郎は、本来は「東京の下町っ子らしい忍耐力を持っていた。臆病で律儀だった」と、自分との血の近さをいう。

久保田万太郎は画壇の長老梅原龍三郎の邸宅で催されたパーティによばれたとき、握り寿司の屋台が出ていて、赤貝を注文して頬張った瞬間に噎《む》せた。あわててハンカチで口をおさえて洗面所をさがした。が、はじめての訪問でその場所がわからず、ウロウロしているうち、万太郎は倒れて口から泡をふいて人事不省におちいった。そして気管閉塞で死んだ。

「なぜ万太郎は、無理をしてハンカチーフで口なんか掩わずに、とっさに寿司台一杯に赤貝の寿司を吐き散らさなかったのか。死には替えられない。どんな不作法も、死の前には許される」と小島政二郎は慨嘆している。

万太郎、享年七十五。政二郎は百歳の長寿をまっとうした。

私の一つのよい癖をご紹介しておきましょう。
それは私に、人のことを羨しがると言う習慣のないことでした。

宇野千代

うの・ちよ――作家

一八九七年十一月二十八日生～一九九六年六月十日没　九十八歳

宇野千代も長命な女流作家であった。明治三十年（一八九七）山口県岩国に生まれ、代用教員やウェイトレスをしたのちに結婚、札幌で生活するが、創作にめざめ、懸賞小説に応募、一等となり、小説家となる決心を固めて、離婚。

その後、尾崎士郎、東郷青児、北原武夫などとの同棲、結婚、離婚をくりかえし、恋多き人生をおくる。

『色ざんげ』『おはん』『或る一人の女の話』などが代表作である。八十歳を超えても、文筆活動はおとろえず、また、かつて「スタイル社」を経営したように、和装・洋装ともおしゃれで、美しい化粧や装いが注目されていた。

右のことばは『自伝的恋愛論』（初出「婦人公論」昭和三十四年）にある。

「この考えが、私に貧乏をちっとも苦にさせないのでした。ああ、この考えのお蔭で私は、人の眼にはよくも歩いて来たと思われる私の一生を、平気で、てくてくと歩いて来たのではないかとおもわれます」

とつづけている。

平成八年（一九九六）六月十日、満九十八歳で波乱の多い生涯を閉じた。

自分の中に燃料を持っていなければ、人の心を
燃やすことはできない。

朝比奈隆
あさひな・たかし――指揮者

一九〇八年七月九日生～二〇〇一年十二月二十九日没　九十三歳

八十歳を過ぎても現役の指揮者であった朝比奈隆は、指揮者というものは、オーケストラという軍隊をあずかって、一戦交える指揮官だといい、演奏家の感情に火をつける役で、その火がつけば、入場料をいただける音楽になるはずだ、と語る（「サライ」一九九三年一二号）。

朝比奈の経歴は一風変わっている。明治四十一年（一九〇八）東京牛込に生まれ、旧東京高等学校時代にバイオリンをはじめるが、京都大学法学部に入り、卒業後は阪急電鉄に入社、電車の運転もする。二年あまりで阪急をやめ、ふたたび京都大学の文学部哲学科に入学、最初の入学から同大のオーケストラに所属しており、卒業してから大阪音楽学校の教壇に立った。

朝比奈は京大在学中、エマヌエル・メッテルに師事しており、昭和十五年（一九四〇）ころからプロの指揮者としての活動を開始する。現在の大阪フィルハーモニー交響楽団を結成して、晩年は同交響楽団の音楽総監督、名誉指揮者となっていた。

超一流の演奏家を束ねるには、知識、教養、技術以外の「何か」がないと、指揮者は務まらないといい、それは熱情みたいなもので、それが右のことばになった。

平成十三年（二〇〇一）の暮、九十三歳で永眠した。

大事に際して、敢然としてその難局の「矢面に立つ」ことも、男子の本懐と喜んで事にあたることも大切である。

松下幸之助

まつした・こうのすけ――実業家

一八九四年十一月二十七日生～一九八九年四月二十七日没　九十四歳

「人多くして人なし」という先輩から聞いたことばが、松下幸之助の心の底にただよっていた。

普通の場合には、間に合う人は大勢いるものの、大事を見込んで間に合う人はきわめて少ないのが事実だという。

では、どういう人が大事の場合に役に立つのか、幸之助はいろいろ考えてみる。知識や経験を持つ人もいいが、ただそれだけでは、難局を乗り越えられない。そのうえに何が必要か。

「自分自身の利害を超越して事にあたる人でなければならぬ」

つまり昔でいえば、命を賭す、死をも辞さないという人でなければならない、と考えるのである。

今日では、実際に命を捨てる場面は少ないが、いざというとき「命をかけても」という気構えを、いつの場合でも持っている人が、大事にのぞんでほんとうに役に立つ人だ、という。

いま日本は、まさに最大の難局にある。

松下幸之助のいうようなこの「気構えのある」人物が、はたしてどれだけいるのだろうか。

逆境にいて楽観せよ。

出光佐三

いでみつ・さぞう——実業家

一八八五年八月二十二日生～一九八一年三月七日没　九十五歳

昭和五十年（一九七五）八月号の「文藝春秋」に載った出光佐三のインタビューに、このことばがある。「逆境にいて楽観せよ、という言葉がぼくは好きなんだ」という。

この話の前に、

「不景気大いに結構、天下大乱いいじゃないですか。ぼくは楽観主義ですよ。人間ちゅうものは苦労しなけりゃだめ、苦労すればするほど、人間、立派になるんです。ぼくなんか努めて苦労してきましたからね」

といい、世の中の中心は、金や物でなく、人間なのだ、と言い切っている。

出光興産の創業者出光佐三、九十一歳のときの発言である。

明治十八年（一八八五）生まれ。一代で出光興産を大企業に成長させた佐三は、このインタビューで、さらに、

「人間の幸福は老後にあり」

という。どんなに苦しいことがあっても、ああ、いいことをしたと思えば、苦しい感じはない、いまが人生最良のときだ、と楽しそうに語っている。

このインタビューは『「男の生き方」四〇選』（城山三郎編、文藝春秋、一九九一年）に再録されている。

生きるということは、お腹のへった時牡丹餅《ぼたもち》を食べるほど容易なものではない。

鈴木大拙

すずき・だいせつ――仏教学者

一八七〇年十月十八日生〜一九六六年七月十二日没　九十五歳

鈴木大拙は日本より欧米で知られる仏教学者であり哲学者である。

明治三年（一八七〇）金沢の医家に生まれるが、六歳で父親を亡くして苦学した。東京専門学校（現・早稲田大学）を出たのち、鎌倉円覚寺へ参禅、大拙の居士号を与えられる。

東京帝大哲学科選科を卒業後、渡米して仏教書の著作や翻訳をおこなう。滞米は十二年におよび、新鋭仏教学者として世界的に知られるようになる。英文での著作、英語での講演により、ZENを世界的に知らしめたことも業績の一部だが、その生涯で、二百冊あまりの著作を世に出している。

右のことばは、ロンドンでの講演を主として邦訳した『一禅者の思索』（講談社学術文庫、一九八七年）にある「信仰の確立」より採った。

生きることは、誰かの真似をしてなることではないとして、

「小さくても芥子粒は辛いと聞くが、自分から出たものは、小さくても力がある。生命がある、本当の意義で活き活きしておる、他人の真似のできぬところがある。その真似のできぬところが自分である。誰でも彼でも皆この真似のできぬところがあって欲しい」

と自分を見つめることを強くもとめている。

昭和二十四年文化勲章を受章。昭和四十一年（一九六六）に永眠した。

わたしは平凡な言葉を好きになりたい。

井伏鱒二

いぶせ・ますじ――作家

一八九八年二月十五日生〜一九九三年七月十日没　九十五歳

二〇一〇年（平成二十二）八月二十九日、短編小説の名手といわれた三浦哲郎が、次作に意欲を示しながら亡くなった。

昭和六年（一九三一）生まれだから七十九歳の生涯だった。『忍ぶ川』で芥川賞を受賞している。

死後の同年末に『師・井伏鱒二の思い出』（新潮社、二〇一〇年）が刊行され、そのなかで文壇にデビューする道筋をつけてくれた恩師井伏鱒二との文学上の日々を語っている。

ある年、井伏が歴史紀行の取材に久慈街道を取り上げ、故郷に近い三浦哲郎が案内することになり、八戸市の港そばの宿へ同行した。

すると、そこの宿の主人が、井伏の高名を知り、色紙にことばを頂戴したいといったらしい。

三浦はそのことを知らなかったようだが、帳場の机に、井伏の文字があって、右のことばを見た。

「一匹の鮎のような作品を書きたい」

といっていた三浦が、感銘を受けたことはまちがいない。

「苦労こい」
「他人歓迎」
「わたくしは、まだかつて嫌いな人に、会ったことがない」

淀川長治

よどがわ・ながはる——映画評論家

一九〇九年四月十日生〜一九九八年十一月十一日没　八十九歳

「我が家は家じゅう活動写真のファンだった」という神戸の家に生まれた淀川長治。母親がその活動写真を見ているとき産気づき、翌朝、長治を出産した。明治四十二年（一九〇九）四月十日のことである。しかし父親が早く学校に上げようと届けを四月一日にしたため、入学してからは、他の子との体力の違いに悩むことになったという。

神戸三中を卒業後、いったん日大に籍を置くが中退して、昭和四年（一九二九）に「映画世界」の編集部に入る。戦後「映画の友」の編集長になり（同二十三年）、淀川長治の名を全国に知らしめた「日曜洋画劇場」の解説を同四十一年（一九六六）からはじめている。

右のことばはいずれも長治が、右から順に十五歳、十八歳、十九歳のときに見た映画から得たスローガンであるという（『「生きる」という贅沢』日本経済新聞社、一九九八年）。

そして、この三つのことばが「私の若さの教科書」であると記す。

生涯独身で、当時の全日空ホテルのスイートルームが住まいであった。映画の楽しさを語りつづけて、じしんの人生に「サヨナラ、サヨナラ」したのは、平成十年（一九九八）十一月十一日、八十九歳であった。

結局、人間は人間のために何かをするよりほかないんじゃないかしら。

高峰秀子

たかみね・ひでこ——女優

一九二四年三月二十七日生〜二〇一〇年十二月二十八日没　八十六歳

高峰秀子も沢村貞子と同じく女優のほかに「随筆家」の肩書きを加えられるほどの文章家であった。昭和五十年（一九七五）『わたしの渡世日記』〈上下巻〉（朝日新聞社）で日本エッセイスト・クラブ賞を受賞した。

この本が出たとき、世間には「小学校も出ていないのに、なぜ文章が書けるのか」とか「ダンナ（松山善三）に書いてもらったのだろう」という声が多かったという（『私の文章修業』朝日新聞社、一九七九年）。

数えで五歳から映画の子役になった高峰秀子は、十歳のころからは自分が出演する映画の脚本は自分で読んだ。二十歳を過ぎてからは、自分で脚本を選べる立場になり、「出演すれば出演料が貰えるけど、出演しなければ一銭にもならない」生活だけれど、出演を断わるには、憎まれる覚悟と勇気がいる。そのため真剣に脚本を読むことになった。

昭和三十年（一九五五）に脚本家の松山善三と結婚、その翌年、松山が腎臓結核にかかり、「机ベッタリ」の生活を禁じられたため、口述筆記を高峰が引き受け、それは四十年にもなる。それが文章修業になったという。

「とにかく結婚してからは、亭主のために一生懸命にやってきました」と、七十歳のわが身を振り返っていた（「サライ」一九九四年三号のインタビュー）。高峰秀子の右手の中指は変形していた。

私たちはどんな不幸の中でも決して絶望してはならない。暗闇の空に希望の星を見出す力を人間は与えられてこれまで生きてきた。

瀬戸内寂聴

せとうち・じゃくちょう――作家

一九二二年五月十五日生～　現・八十九歳

東日本を襲った地震と大津波、さらに福島原発の大事故、この災害で被災し避難している人たちに、瀬戸内寂聴氏が二千二百字あまりの励ましの文章を寄せた（二〇一一年三月三十一日付、朝日新聞朝刊）。

その時点で氏はいま脊椎圧迫骨折で歩行器に頼っているという。だから外出もせずニュースを見つづけて、出家得度をした東北の地を思い、声をあげて泣いたと記している。

寂聴氏の出家後の活動はめざましいものがあった。各地での講演、法話、執筆、対談など年齢を感じさせない行動的な日々をおくっている――ご本人いわく「元気という病気です」（同紙）。

大正十一年（一九二二）徳島に生まれ、東京女子大学在学中に結婚、北京へ渡る。帰国後、夫の教え子と恋愛、京都に逃避。そののち妻子ある作家と同棲。それらの愛欲関係を描いて作家として立つ。代表作に『夏の終り』『女徳』『美は乱調にあり』など。

と、小説家時代のことを紹介しても、それは瀬戸内寂聴の何分の一かの人生にしかならない。後半生の寂聴氏の生き方に心打たれた人の多さを思いたい。

運とは運ぶということ。運ぶというのは実践すること。考えて実践すれば、運はその人の方により多くプラスになる。

川上哲治
かわかみ・てつはる——プロ野球元監督

一九二〇年三月二十三日生〜　現・九十一歳

「打撃の神様」である。

首位打者五回、打点王三回、本塁打王二回、通算打率三割一分三厘。昭和十三年（一九三八）、熊本工業から読売巨人軍に入団、応召をへて同二十一年に復帰、同三十三年に現役引退するまでの打撃成績である。一七二センチ、七五キロと決して大きくない。

神様なのに、どうも人気が高くなかった。すぐうしろに「ミスタープロ野球（ジャイアンツ）」の大輪が咲いていたせいもあるかもしれない。現役引退の年の日本シリーズで「神様、仏様、稲尾様」に巨人軍は三連勝のあと四連敗を喫した。

その年から川上哲治は禅堂で修行をするようになった。そして昭和三十五年（一九六〇）十月十五日、水原茂のあとを受けて六代目の監督になる。以来、十四シーズン、四十年からV9を達成した。これがつまりアンチジャイアンツを生み出した、と思う。しかし、川上はいま、野球を語っても巨人軍時代のことをあまり多く語らないようだ。

大正九年（一九二〇）三月二十三日に生まれた「野球の神様」は、いま九十一歳になった。

——見出しのことばは『私の履歴書』（日本経済新聞社）に見つけた。

無難なことをやっていては、明日という日は訪れて来ない。

奥村土牛

おくむら・とぎゅう――画家

一八八九年二月十八日～一九九〇年九月二十五日没　百一歳

自伝というものは、功なり名を遂げた人ほど、隠しても自賛の気配が行間からにじみ出るもので、とくに政治家や実業家にその横溢の量が多いようだ。

本書の執筆のため、数十名の自伝を読んだが、堂々とみずからを誇るものや、多分に遠慮がちではあっても、やはり自恃《じじ》を強くあらわした筆致が見られる。

奥村土牛の『牛のあゆみ』（中公文庫、一九八八年）を読んで、しんそこ感動した。

静かに丁寧に細《こま》やかに書いてゆく文章が語る誠実さ、師や同僚を描く慎ましい筆使い。自分の経歴への控えめで正確な記述。じつに清爽な読後感を味わって、つづけて読み返したほどである。

右のことばも、他人にいうのではない。みずからを励ますためにつぶやいている。

昭和二十九年（一九五四）のことばだから、土牛六十五歳である。

無難なものだけでなく、

「描きたいと思った対象なら、人物、風景、動物、花鳥、なんでも失敗をおそれずぶつかっていきたい」

と、すでに芸術院会員になっていた画伯はいう。

死にきて、死ぬ時ならば死ぬがよく、死にそこのうて死なぬなほよし。

仙厓義梵

せんがい・ぎぼん――禅僧

一七五〇年生～一八三七年没　八十七歳

まあるい和尚さんが腕ごと月を指さし、その横にやはりまあるい小さな子どもが踊るようにいる。

また、左から□△○だけを大きく描いている。

そんな飄逸《ひょういつ》でふしぎな禅画を見たことはないだろうか。江戸後期の禅僧、仙厓義梵の水墨画で、出光美術館のコレクションがよく知られている。

仙厓は寛延三年（一七五〇）美濃に生まれ、美濃清泰寺で得度、のちに博多聖福寺の第百二十三世の住持となる。文化八年（一八一一）、六十歳を過ぎて隠退、その禅風を慕われて各地から招かれたが、生涯博多の地にいた。そして、書画詩文三昧《ざんまい》の日をおくった。

本書で先に紹介した出光佐三がこの仙厓の絵に魅せられてコレクションをはじめたことも周知のことである。

また、仙厓は、

「父死、子死、孫死」

こそめでたいと、先に生まれたものから順に死んでいく幸いを語っていたともいう。天保八年（一八三七）八十七歳で示寂した。

一生頭の上らない人を作るまい。

鏑木清方

かぶらき・きよかた――日本画家

一八七八年八月三十一日生～一九七二年三月二日没　九十三歳

画家といえば、鏑木清方も長齢をまっとうした。「築地明石町」（一九二七年作）の清楚でありながら艶やかな美婦人の和装の立ち姿は、氏の最高傑作として私たちに記憶されている。

明治十一年（一八七八）東京の下町に生まれ、昭和四十七年（一九七二）に満九十三歳の生涯を鎌倉で閉じた。

昭和二十九年（一九五四）に文化勲章を受章した清方であるが、画業は挿絵画家としてはじまった。

祖母、母との三人暮らしに、新妻を迎えた。清方二十六、妻十八。

「家に資産というものは何もなく、もちろん借家住居《しやくやずまい》で、一家の生計は挿絵画家を職とする私の収入だけで細々ながら立てられていた」

新婦はすぐに家計をゆだねられる。若いふたりは、いろいろに将来のことなどは話し合ったに違いないだろう。

「いろいろ申合せをしたが、一生頭の上らない人を作るまいという、そうしてこれは実行された」

清方はさらりと書いているが、つまり金を借りることだろう。「これは実行された」ということばの裏に辛苦が読みとれる（『随筆集 明治の東京』岩波文庫、一九八九年）。

こんにちさまに申しわけないからさ。

沢村貞子

さわむら・さだこ——女優

一九〇八年十一月十一日生～一九九六年八月十六日没　八十七歳

一九七七年（昭和五十二）に日本エッセイスト・クラブ賞を受賞した『私の浅草』（暮しの手帖社、一九七六年。新潮文庫、一九八七年）のなかで、沢村貞子は、母の口癖が〈こんにちさま〉だったと書いている。

「――〈こんにちさま〉が、どこに祭ってある神さまか仏さまか、誰《だれ》も知らない。ただ、律儀《りちぎ》な昔の女たちは、その日その日を無事に生きている以上、怠けていては〈なにか〉に申しわけない……と、いつも胸の中で思っていた。そのなにかが〈こんにちさま〉という言葉になったのだろうと思う」

沢村貞子は明治四十一年（一九〇八）狂言作者の家に生まれる。兄は沢村国太郎、弟は加東大介、甥に長門裕之、津川雅彦がいる。

貞子は浅草生まれの浅草育ちで、下町の人情の機微を右書に描き、また脇役女優として、妻としての人生を綴った『貝のうた』『わたしの脇役人生』『老いの道づれ』などの好エッセイをあらわしている。

平成八年（一九九六）八月、心不全で亡くなる。八十八歳を迎える三ヶ月ほど前であった。

◆100歳のことば「私からのひと言」

最後のステージには、勇気と行動力が必要です。

日野原重明

企業でも役所でも病院でも、その組織に属して仕事をしていれば、自分の意に反することもしなければならないこともあります。そんな思いは、誰の現役時代にもあったことでしょう。

定年を迎えて、従属する義務から解き放たれた自由を得たとき、ほんとうはその人らしさが発揮されるはずです。

しかし、現実はどうでしょう。毎日が日曜日と、ボーッと過ごすようになってはいませんか。

人生の最後のステージに立つとき、それは仕上げの舞台ですから、私たちは生き方を自由に選びとることができます。

それにはまず勇気、そして行動力が欠かせません。

六十何歳かで最後の舞台に立つことになっても、平均余命を数えれば、まだ二十～三十年を、その舞台で演じることになります。

私は日本人の平均寿命を超えたとき、ふたたび与えられた命に、「勇気」を奮い立たせ、私の選択にゆだねられた生涯を「行動力」でまっとうしようと考えたのです。

第三章

夫婦、家族とともに生きる

ばらばらに生まれたけれど縁があって、めぐりあって夫婦になった。その素晴らしいめぐりあい、縁は育てなければいけません。縁は放っておくと冷えていきますから、あたためて、深めていくというのは、親子でも夫婦の間でも大事なことです。

松原泰道

まつばら・たいどう――臨済宗僧侶

一九〇七年十一月二十三日生~二〇〇九年七月二十九日没　百一歳

詩人西條八十《さいじょうやそ》は大正十五年（一九二六）から昭和二十年（一九四五）まで早稲田の仏文科教授に就任しており、そのあいだに松原泰道は西條のフランス文学の講義に出ていて知っていた。西條は昭和三十五年に妻に先立たれていた。

どういうわけか知らないが、松原は友人とその墓参りにゆく。すると偶然に西條八十と墓前で出会う。そのとき六十八、九歳の西條は墓誌にしるす草稿を、気さくにもとの教え子に見せる。

再度その墓をたずねた松原は、墓誌がすでにできあがっているのを見る。

「われらふたり、たのしくここに眠る。離ればなれに生まれ、めぐりあい、……」

全文は略すが、つまり、その墓誌銘から、当時五十三歳くらいの松原泰道は、深い感動を受け、右のことばが生まれるのである。

ただ松原が、西條の詩魂の背景となる、母と父の不幸な結婚の事情を知っていてなお、「その素晴らしいめぐりあい、縁は育てなければいけません」といったのか、どうか。それは聞くことができない。松原泰道は二〇〇九年（平成二十一）七月に示寂した。この稿は『百歳からあなたへ』（海竜社、二〇〇七年）を参考にした。

虹は本当に素晴らしい。その真下に赤ちゃんを
抱っこしたお母さんがいるとなお素晴らしいな
と私は思います。

まど・みちお
詩人

一九〇九年十一月十六日生～　現・百一歳

「自分のまつげのところにはいつも虹がある。涙が出さえすれば、まつげのところに小さな虹がでるのです」

年寄りになってくると、うれしいときもかなしいときも、まず涙が飛び出すと、まど・みちおは前出の自著『百歳日記』のなかでいう。

この詩人は、虹の色彩が大好きだ。

百歳の誕生日に描いた虹の絵は、罫線で囲った長方形のなかに数十本の直線で虹の色をひいている。

そんな大好きな虹の色を見るのは、実際の空にかかる虹でなくてもいい、涙のなかに出てくる虹でも、松の葉っぱのしずくが落ちるときの水滴のなかの虹でもいい。

「涙はいのちの応援隊長かもしれません」。

という。

まど・みちおの涙・虹・いのちの詩情は、百歳の脳裏に、虹の真下の地平に赤子と母親の姿をみるのである。

平和な仲のよい夫婦ほどお互いにむずかしい努力をしあっているのだ、と云うことを見遁《のが》してはならないのです。

野上弥生子
のがみ・やえこ――作家

一八八五年五月六日生～一九八五年三月三十日没　九十九歳

これは野上弥生子が若い夫婦へ伝えようとしたことばである。

明治十八年（一八八五）五月六日、大分県臼杵町の酒造家に生まれた弥生子は、英語の家庭教師として知り合った野上豊一郎（一八八三〜一九五〇）と結婚。夏目漱石の門下生であった豊一郎の影響で小説を書きはじめる。大正末から昭和初期の代表作に『海神丸』『真知子』などがあるが、八十歳を前に執筆した『秀吉と利休』がよく知られる。さらに八十七歳で筆をとった『森』（未完刊行）など創作意欲はおとろえず、満百歳を目前にして亡くなった。

おだやかな夫婦にも積年の波乱はあろうが、お互いを思いやりそれぞれの勝手を抑える努力で乗り越えてきた、という。弥生子が作家活動に邁進するとともに、豊一郎は能の研究の泰斗《たいと》として、さらに教壇に立ち法政大学の総長にもなった。

結婚生活は、もっとも身近な「他人」とのむずかしい人づき合いにほかならない。

また、つぎのようなことばもある。

「恋愛とは美しき誤解である。結婚生活はその誤解への惨憺たる理解である」（亀井勝一郎、五十九歳没）。

男と女は、交わした言葉に尽きると思うんです。嘘をできるだけ少なくして、ああ自分たちは認め合って生きてきたなと、感じられれば、思いを残すこともなく死ねるし、残った方の孤独も慰められる。

新藤兼人

しんどう・かねと――映画監督

一九一二年四月二十二日生～　現・九十九歳

四十年以上、映画づくりの同志であった妻の女優乙羽信子を亡くして、新藤兼人は右のように語った（「サライ」一九九五年一七号）。

脚本家として映画界に入った新藤の監督デビュー作「愛妻物語」（昭和二十六年）で、宝塚を退団した乙羽がやはり映画デビューして、ふたりは男と女の間柄になる。当時新藤には妻があり、不倫な関係を揶揄《やゆ》されつづけた。のちにその妻が死んで、乙羽は新藤と正式に結婚する（昭和五十三年）。

新藤の監督作品中、たった一本をのぞいてほかのすべての作品に乙羽は出演するといった、まったくの映画同志であった。

乙羽信子最後の作品が「午後の遺言状」（平成七年公開）で、乙羽は、試写は見たが公開前年の十二月に肝臓ガンで亡くなった（七十歳）。撮影が終了するのと、乙羽の余命がつきるのとの壮烈な闘いだった。「ぼくは乙羽さんの命に懸けたんです」と新藤はいう。

乙羽さん、先生、と呼び合うふたりだった。

「ぼくらは同志として生きてきた。お互いに尊敬し合い、尽し合った」

明治四十五年（一九一二）四月二十二日生まれの新藤兼人は、もうすぐ百歳になる。

時には見えても見えないふりをすることも大事な思いやりとなることだってあるのです。

長岡輝子

ながおか・てるこ――女優

一九〇八年一月五日生~二〇一〇年十月十八日没　百二歳

いま四十歳以上の方は、おぼえているかもしれないが、昭和五十八年（一九八三）四月四日からはじまったNHKの朝の連続ドラマ「おしん」で、米問屋加賀屋の大奥様役を演じて好評だったのが、当時七十五歳であった長岡輝子である。

長岡は、ながねん文学座で女優、演出家として活躍する。退団後も「長岡輝子の会」として活動をおこなうが、全国にその名が知られるのは、「おしん」の堂々とした演技からではなかろうか。晩年、宮澤賢治の朗読会で全国をまわる精力的な仕事ぶりをみせた。

そんな長岡も白内障を患い、友人にすすめられて手術を受ける。術後、「黄砂の中から、いきなり霧が晴れたように、色彩のある世界が出現した」喜びを味わうのである。

しかし、自分の手が皺だらけ、息子の老けた顔がよく見える。そしてお手伝いさんの掃除の行き届かなさが、いちいち見えてくる。長岡は「見えることは百人百通りの見え方があって、大切なことは、「心で見なければ見ることができないものを見ていくことではないか」といい、右のことばを記した（『老いてなお、こころ愉しく美しく』（草思社、二〇〇〇年）。

平成二十二年（二〇一〇）十月、百二歳の長寿をまっとうした。

「母さん、長い間ご心配をかけました。ごめんなさい。でも久彌は今、この大勢のお客さんの前で、拍手で迎えられるようになったんです。喜んで下さい。母さん有難う」

森繁久彌

もりしげ・ひさや――俳優

一九一三年五月四日生～二〇〇九年十一月十日没　九十六歳

自分より年の若い人たちを送終《そうしゅう》する森繁久彌の年老いた姿をテレビなどで見るのはなんとも痛々しかった。知り合いの壮齢者が、会うたびにおとろえてゆく様子を見るようだった。それほど森繁久彌は私たちになじみ深い俳優であった。

私たちは、東宝映画の社長シリーズやその後のテレビドラマの親父役、また「知床旅情」の歌で親しんだ。「屋根の上のヴァイオリン弾き」のロングラン公演も知っている。

とくに知床旅情の歌は、いろいろな歌手が歌うが、やはり森繁のしみじみとした味わいには誰もかなわないと思った。

大正二年（一九一三）大阪枚方《ひらかた》生まれで、新京放送局に勤務して、戦後の混乱から生き延びたことや、そののち新宿ムーランルージュで活躍、昭和二十五年（一九五〇）に映画界にデビューして人気を博したことなど、いくたびも語られている。

昭和三十年（一九五五）、主演映画の代表作「夫婦善哉」が完成、上映初日の東京宝塚劇場は大入りで、映写前に森繁は舞台で挨拶させられた。そのとき病弱な母を二階席に招待していたのである。この話は『森繁自伝』（中公文庫、一九七七年）で知った。

私は老年になって、家内に先に死なれる事を極度に恐れるようになった。よく串戯《じょうだん》に私が死んだら、翌日死んでもいいが、先に死ぬのは絶対に困るといっている。

志賀直哉

しが・なおや——作家

一八八三年二月二十日生〜一九七一年十月二十一日没　八十八歳

「小説の神様」はたいへんに正直な人で、老年の夫たちが思っていることを、飾らずに吐露してくれた。神様八十歳のエッセイである（一九六四年一月五日付、朝日新聞）。タイトルは「老廃の身」と、これも正直だ。

よくいわれるように、妻に先立たれた夫の余命は短く、夫の死を看取った妻は長生きするようだ。まわりをながめても、そういう例が多い。

志賀直哉の願いも、世の凡夫の気持ちも、いちおう元気な妻がいて、自分の面倒をみてもらって先に逝《い》きたい、つまりわがままなのであって、その願いがすべて通用するとはかぎらないが、老老介護の現実をみても、夫が妻を介護する姿のほうに、辛さをおぼえる人は多いと思う。

なお、神様のこのエッセイは、正直であるとともにユーモラスで、自宅を訪ねてきた「綺麗な女がニコニコして入って来たので、私は雑誌社の婦人記者と早のみ込みして迎えた」が、それは直哉の二女であったという。その女のうしろからついてきた子供が孫と気がついて分かった。そして、こういうことが、「近頃は頻煩にあるようになった」と書いている。志賀直哉は昭和四十六年（一九七一）十月二十一日に八十八歳で妻より先に逝った。

男子は結婚によって女子の賢を知り、女子は結婚によって男子の愚を知る。

長谷川如是閑

はせがわ・にょぜかん——ジャーナリスト

一八七五年十一月三十日生～一九六九年十一月十一日没　九十三歳

長谷川如是閑も長寿であった。明治八年（一八七五）東京深川に生まれ、東京法学院（現・中央大学）を卒業。新聞「日本」に入社、のちに大阪朝日新聞に移り、天声人語や論説を担当、大正デモクラシー運動の一翼をになう。また、いまの甲子園の高校野球の前身である「全国中等学校優勝野球大会」を発足させたことでも知られる。

寺内正毅内閣批判の「白虹事件」で退社後、ファシズム、軍国主義に反対する論を展開、戦後は言論界の重鎮として自由主義の徹底を説いた。また多彩な経験からいくつもの名言を残している。右のことばは『如是閑語』による。一九四八年（昭和二十三）に文化勲章を受章した。

長谷川如是閑が職人のいい話で泣いたというのは有名な話で、司馬遼太郎も『街道をゆく』の「本所深川散歩・神田界隈」でふれている。

また、如是閑の最晩年に小田原早川の居宅をおとずれた城山三郎に、「へこたれないで」「奮発して！」とくりかえし励ましたという。城山は「それは、文筆で生き抜き戦い抜いてきた老言論人の一人の後輩に対するほのかな愛情のようなものであったかも知れぬ」と『「男の生き方」四〇選』（文藝春秋、一九九一年）のあとがきに記している。なお、昭和・平成の言論人であった司馬は、平成八年没、七十二歳。城山は、平成十九年没、七十九歳。

おばあちゃんも一緒に連れて行こう。

土屋文明

つちや・ぶんめい――歌人

一八九〇年九月十八日生～一九九〇年十二月八日没　百歳

歌人土屋文明が満百歳を生きたということは、早くから知っていた。ただ、歌人なら歌を、詩人なら詩を、俳人なら俳句を、見出し語にとることは、本書ではルール違反としたから、土屋文明に関して、なかなか生な声が探し出せなかった。

そんなとき、群馬県の榛名山のふもとに記念文学館ができ開館にあわせて新書版の本が出版されていたことにたどりついた（塙書房）。この本は文明に近かった六人の筆者による文明生涯の追憶記である。

群馬県に生まれた文明は、上京して伊藤左千夫のところへ身をよせ、第一高等学校から東京帝国大学哲学科へ入る。「アララギ」や「新思潮」（第三次）に作品を発表し、のちに「アララギ」の選者になる。

教育者として松本高女や法政大、明治大などの教授を歴任しつつ、多くの歌集を出版する。

そして『萬葉集私注』はまさにライフワークであった。

文明九十一歳のとき妻に先立たれた。

昭和六十一年（一九八六）文化勲章を受章。右書の最終章を書いた小市巳《こいちみ》世司《よし》は、授章式に出かける前、「おばあちゃんも一緒に連れて行こう」と、亡妻の写真を胸におさめる文明を見ていた。

金持が名誉でない事を知っている金持の夫人はあるでしょう。しかし貧乏を恥と思わぬ貧乏人の妻はそうあるものではありません。

中川一政

なかがわ・かずまさ――画家

一八九三年二月十四日生～一九九一年二月五日没　九十七歳

中川一政の友人に、どうしても文学で身を立てたいという男がいた。でも生活のため雑誌社に勤めていて、打ち込んで書きたいときに書けない様子で、それを見て、その細君が、

「雑誌社に出ていてもどうせ貧乏なのだから、同じ貧乏するならやめて好きな事をやったらよいでしょう」

といい、子どもを二人かかえて内職をはじめたというのだ。

それを身近に知っている一政は、

「私は其細君の愛情と度胸を健気に思います。そしてその夫の仕事がその細君の心ばせに報いてくれればよいと思います」

と書き加える。

これは『美術の眺め』（講談社文芸文庫、一九九三年）の「嫌いな女性」という文章にある話である。

では中川一政の嫌いな女性とは、

「衣服や容貌だけに憂身をやつす人」

といい、重心が外面に偏ると、心が空になるといっている。

「土の上に立って暮らせ」という家内の言葉の「土」が私に染み込んでおります。

金子兜太

かねこ・とうた——俳人

一九一九年九月二十三日生〜　現・九十二歳

作家の嵐山光三郎は金子兜太を評して、「指のさきから目玉まで詩魂がぎゅうぎゅうにつまった俳人である。屁や耳くそまで俳句である」とその野性的かつ前衛の句作を称えた（第五十八回菊池寛賞を受賞した金子兜太への言葉）。大正八年（一九一九）九月生まれの金子は九十歳を過ぎたが、老いてますます盛んな現役の表現者である。東大の経済を出て日本銀行に入行、昭和三十一年（一九五六）現代俳句協会賞を受賞、俳誌「海程」を創刊、社会性俳句、前衛俳句の旗手となる。

定年近くになって、兜太は都心のマンション暮らしをのぞんだが、妻でやはり俳人の皆子（本名みな子）は、こういった。

「あなたのような男は土の上に立ってないとだめになる。あなたはおっちょこちょいだから、都会なんかで生活したら、ふらふら、あっちにうろつき、こっちにうろつき、街角で小便をしたり、ろくなことをしない。熊谷のような土の上で暮らしましょう」（前掲書）

街角で小便とはおもしろいが、女房はじつに夫のことをよく見ている。このことばで生まれ故郷の埼玉県に腰をすえた金子だが、二〇〇六年にガンで闘病中だった最愛の妻を亡くす。妻の闘病中の句（嵐山の文章より）がある。

「たつぷりと鳴くやつもいる夕ひぐらし」

「女の子は泣いちゃいけないよ、なんでもじっと我慢しなけりゃ……」
「泣いてると、ご飯の仕度がおそくなるからさ」

沢村貞子

さわむら・さだこ――女優

一九〇八年十一月十一日生〜一九九六年八月十六日没　八十七歳

右のことばは、前出の『私の浅草』のなかの、貞子の母のひと言。貞子が泣きそうになると、母親はいつもそういってたしなめた、という。この一文はつぎのようにつづく。

「大正八年は全国的な不況で、たくさんの銀行がつぶれた。父と母が食べものから着る物までつめて、やっと貯《た》めた小金も一夜のうちになくなってしまった。

あのときも、父は座敷でじっとうずくまって泣いていたけれど、母は台所でせっせと煮物をしていた。朝からなにも口にしない父に、なにか食べてもらおうと一生懸命だった」

沢村貞子に、後年、

「なにもできなかったけど、でも一人だけ幸せにできた」

というようなことばがあったように記憶する。女優を務めながら支えた夫君の最期を看取っての思いだったのかもしれない。

◆100歳のことば「私からのひと言」

ともに喜ぶと喜びは二倍になる。ともに悲しむと悲しみは半分になる。

日野原重明

阿川佐和子さんがほぼ聞き役になって対談したのが、約十年前のこと。週刊文春誌上に収載されました（のちに『阿川佐和子のワハハのハ』〈文藝春秋、二〇〇三年〉）。

対談の開始時間は午前九時、聖路加国際病院まで来ていただいた。私は七時半からの会議を終えて、対談がはじまりました。新老人運動の話のあと、つぎのような会話になりました。

阿川　先生は愛している方は？
日野原　まあ、それはね、何人か。
阿川　おッ、何人!?
日野原　あなたの愛するという意味と僕のが一致してるかどうかわからないけど（笑）。僕は愛し愛されることは人生に非常に必要だと思う。

といって、右のことばをいったのです。上智大学で哲学を教えておられるデーケン先生からお聞きしたドイツの古い諺です。

愛し愛されるふたりで二倍ですから、家族四人で喜べば四倍に、辛いこと悲しいことも四半分になるわけです。

第四章

わが道をゆく

いまやらねばいつできる、わしがやらねばたれがやる。

平櫛田中

ひらぐ(く)し・でんちゅう——彫刻家

一八七二年二月二十三日生〜一九七九年十二月三十日没　百七歳

近代の彫刻家はどうも長生きのようである。

嘉永五年（一八五二）に生まれた高村光雲も昭和九年（一九三四）まで生きた（享年八十二）。朝倉文夫は、昭和三十九年（一九六四）没で八十一歳、北村西望《せいぼう》は昭和六十二年（一九八七）没で百二歳、沢田政広《せいこう》は昭和六十三年（一九八八）に没して九十三歳、といずれも長命である。

「六十、七十は鼻たれ小僧」

と豪語した平櫛田中は、明治五年（一八七二）に生まれ、昭和五十四年（一九七九）十二月三十日に、百七歳の生涯を終えた。

帝国芸術院会員になった昭和十二年（一九三七・六十五歳）、代表作となる「鏡獅子」の着想を得て、この大作を二十年かけて完成させる。いま私たちは国立劇場の正面ホールで鑑賞することができる。

田中は百歳を超えてなお現役の作家であった。長寿であったから後世に名を遺したのか、はたまた身体を使う作活動が生命の源であったのか。

「今日もお仕事、おまんまうまいよ、びんぼうごくらく、ながいきするよ」

これも平櫛田中のことばだ。

「もう お前いいよ」と富士山が言ってくれるまで描き続けます。

片岡球子

かたおか・たまこ――日本画家

一九〇五年一月五日生～二〇〇八年一月十六日没　百三歳

一徹《いってつ》という形容は、女性にふさわしくないかもしれないが、日本画家片岡球子には、そういう確たる信念があるように見えた。

明治三十八年（一九〇五）一月五日に生まれた球子は、女子美術専門学校（現・女子美術大学）を卒業後、横浜の小学校で美術を教えながら作品を描いていた。しかしその強烈な個性の絵は「ゲテモノ」と評価され、本人もずいぶんと悩む。

師匠の小林古径《こけい》に教えを乞うと、「いまのあなたの絵はゲテモノに違いないけれど、ゲテモノとホンモノの差は紙一重です。画風を変えてはいけない」と励まされる。

昭和三十九年（一九六四）から本格的に富士山を描きはじめ、その「富士山」シリーズは「面構《つらがまえ》」の連作とともに球子の代表作になる。飽くことを知らない執念の取り組みで、

「前かけのポケットなんかに突っ込んでおいて、いつでも取り出して眺められるような、そんな親しみのある富士山を描きたい」

というのである。

私は私の絵を描く、といいつづけた生涯は二〇〇八年（平成二十）一月十六日、百三歳で閉じられた。

山奥の誰も見ていないところでもきれいに咲く桜。人が見ているから咲くとか、見ていないから咲かないというような、陰日なたはありません。

松原泰道

まつばら・たいどう――臨済宗僧侶

一九〇七年十一月二十三日生～二〇〇九年七月二十九日没　百一歳

ご本人がいうように、松原泰道禅師が世間に知られるのは、昭和四十七年（一九七二）に『般若心経入門――276文字が語る人生の知恵』を出版したことによる。祥伝社発行のこの本は、いま同社の新書に収められ、親本とも累計約百二十万部のロングセラーになっている。

松原泰道は禅寺の子として、明治四十年（一九〇七）東京に生まれ、早稲田大学文学部を卒業、父親同様に禅僧の道を選び、済家《さいけ》（臨済宗）の専門道場である岐阜の瑞龍寺で雲水修行をした。のちに妙心寺派の教学部長を務め、東京港区の龍源寺の住持となった。

そして、右のベストセラーを書き、いちやく人びとの足先を灯す人生の師として評価され、多くの著書を著した。

ちょうど百歳を迎えた日に出版した『百歳からあなたへ』（海竜社、二〇〇七年）に右のことばがある。

氏が学生のころ、友人らと徒歩の野宿旅行をした。箱根の関所跡まで来て、さて、この先どうしようかと思案していると、もたれていた石碑に、「あれを見よ深山の桜咲きにけりまごころつくせ人知らずとも」の古歌が刻まれていた。

この歌が氏百歳までの信念になった、と同書で語っている。

自分の運命はやっぱり終生絵に苦労することにありと思ってだんだんわき見しなくなった。

梅原龍三郎

うめはら・りゅうざぶろう――洋画家

一八八八年三月九日生～一九八六年一月十六日没　九十七歳

梅原龍三郎は、「梅原芸術」といわれる自由奔放な構図と濃密な色彩で独自の画境をうちたてた。創作家は絵画、彫刻、文章、音楽のジャンルを問わず、何々芸術とまで自身の創作を評価されるまでになれば、巨匠の域に達したといえよう。

明治二十一年（一八八八）、京都下京の大きな悉皆屋《しっかいや》（染全般を扱う呉服商）に生まれた龍三郎は、同四十一年にフランスに留学、ルノワールの指導を受ける。大正二年（一九一三）に帰国して白樺社主催の滞欧作品展を開催してから、油絵界の注目を浴び、昭和十年（一九三五）に帝国美術院会員、同十九年東京美術学校（現・東京芸術大学）の教授、同二十七年には文化勲章を受章する。いくつもの代表作（「桜島」「紫禁城」など）を発表していた巨匠の龍三郎だが、終戦の年の秋から、「真剣に富士山にぶつかり始める」。そして、六十歳を過ぎての右の独白になる（『日本随筆紀行10』収載「富士山」、作品社）。「富士山は間断なく変ぼうして、間抜けな奴とばかり自分を飜ろうし出した」というように、なかなか作品にならない。十月から五月までねばってもだめで、富士山にはねとばされているばかり、と苦渋している。しかし、龍三郎は「今にひつくりかへしてやらふといふ意気だけは持ち続けてゐる」と語り、ついに浅間山とならぶ富士山の連作をものにするのである。

六十点主義で速決せよ。決断はタイムリーになせ。決めるべきときに決めないのは、度し難い失敗である。

土光敏夫

どこう・としお――経営者

一八九六年九月十五日生～一九八八年八月四日没　九十一歳

「アサヒグラフ」の最終ページに「わが家の夕めし」という連載があって、正確な記憶ではないが、土光敏夫氏ご夫婦の食卓が紹介されていて、そのおかずがメザシであった。

これと同じようなテレビ放送があって、おおいに評判になった。「ミスター臨調」として行政改革に取り組んだ氏とメザシが妙にユーモラスだった。石川島重工業を立て直し、東芝を再建し、経団連の会長になり、昭和五十六年（一九八一）第二次臨時行政調査会会長に就任した。子息陽一郎氏は、「親父というのは家にいるときはいつも書斎に入って外国の本を読んで勉強している人だというのが私の小さいころの記憶です」

と語る（「文藝春秋」一九八八年十月号）。石坂泰三氏の娘さんと同様の記憶で、やはり両氏とも勉強家なのである。

「一日の大事を自覚し、きょうを精一杯生きよう、しくじった時は、その日のうちに反省して悔いを翌日に持ち越さない」（「私の履歴書」右のことばも）

が生涯の信条であった。明治二十九年（一八九六）生、昭和六十三年（一九八八）没、享年九十一であった。

粗にして野だが卑ではない。

石田禮助

いしだ・れいすけ――元・国鉄総裁

一八八六年二月二十日生～一九七八年七月二十七日没　九十二歳

昭和三十八年（一九六三）、七十七歳の高齢で、当時「ほとんど窮死寸前」の国鉄の総裁に就任したのが石田禮助である。国会の委員会での自己紹介が、右のひと言。

麻布中学から東京高等商業学校（現・一橋大学）を卒業、三井物産に入社したのが明治四十年（一九〇七）、以来三十年、「欲得の世界に埋没せざるを得なかった」が、戦後、公職追放解除後に国鉄監査委員長に就く。

そこで氏のいう「不沈艦センス」、つまり官僚的で、ちょっとやそっとでは破産しないだろうという高を括《くく》った体質をみる。「私が身をおいておった凄壮苛烈《せいそうかれつ》な実業界では、夢にも考えられぬことだ」――半世紀後の今日も相変わらず指摘される――と、総裁就任後、自らをヤングソルジャーと称し、組織の改革に尽力した。

その熱情の背景には、鉄路から離れる国府津の自宅で、「ときに夜汽車の響きが寝室までとどくことがある。深夜である。万物が平穏な憩いのひとときをひたすら貪《むさぼ》っている時刻になお起きていて職務に励む人のあることを思うと、厳粛な気分にならざるを得ない」

という人間至上の営みへの思いがあったのだ（『「男の生き方」四〇選』文藝春秋、一九九一年）。

今日の経験を明日に用いない者には大成功は望みがたい。

大倉喜八郎

おおくら・きはちろう――実業家

一八三七年十月二十三日生～一九二八年四月二十二日没　九十歳

大倉喜八郎は、昭和前期まで三井、三菱と肩をならべるほどに発展した大倉財閥を一代で築いた実業家である。

天保八年（一八三七）越後国（新潟県）新発田《しばた》の名主の家に生まれるが、十八歳のころ江戸に出て鰹節店の店員となる。慶応元年（一八六五）鉄砲店を開業、幕末維新の騒乱に乗じて販路を拡大する。

欧米を視察して明治六年（一八七三）に外国との貿易や政府の用達事業をおこなう大倉組商会を設立、台湾出兵、西南戦争、日清・日露戦争の軍需物資調達で巨万の富を得た。

また早くから中国大陸へ進出し、満州に製鉄事業をおこすなど、国内外で多数の会社を設立した。帝国ホテル、東京電灯、大日本麦酒など、さらに大倉商業学校（現・東京経済大学）の設立に関与した。

昭和三年（一九二八）九十歳で没する。

右のことばは、『新潮日本人名辞典』（新潮社）にあって、激動の時代、今日を生き、明日をさらに生きようとする政商・大倉喜八郎ならではの勁直《けいちょく》な発言である。

小切手の署名は急いでするものではない。少なくも字を書いている間は、金はまだ自分のものだから、……。

大倉喜八郎

おおくら・きはちろう――実業家

一八三七年十月二十三日生～一九二八年四月二十二日没　九十歳

「ここに積富の人の用意がある」

と、この大倉喜八郎の逸話を紹介した小泉信三（元慶応義塾塾長）は述懐する。詳しくは門野重九郎《かどのじゅうくろう》の回想録にある。門野は大倉組のロンドン支店長から副頭取になった人物で、喜八郎の腹心といえる。

小切手に署名するとき、大倉喜八郎は毛筆を手に楷書で丁寧に書く。ある人が、そんなに丁寧に書く必要はないといったときの、冗談ともつかぬ応えが、右のことばとなった（『男の生き方』四〇選』文藝春秋、うち「不屈の人・藤原銀次郎」の稿）。

喜八郎はそうして丁寧に自署しながら、この金はほんとうに支払うべきものか、はたまた金額は適正なのかと考えていたのかもしれない。

「積富の人の用意」は、安田財閥を一代で築きあげた安田善次郎（一八三八〜一九二一）の、

「収入の八割でもって生活し、他は貯蓄すること」

という明快なことばにもうかがえる。安田銀行（のちの富士銀行、現・みずほ銀行）の創立者としての立場からのメッセージとも聞こえる。

なお、右の藤原銀次郎は王子製紙を再建した人物で、「日本の製紙王」とよばれている。

吉田はフトコロが暖かいので、少しも寒くございません。

吉田 茂

よしだ・しげる——政治家

一八七八年九月二十二日生〜一九六七年十月二十日没 八十九歳

政治家のユーモアということを考えてみたい。「そのときの国民の程度にしか政治家を持ちえない」とはよくいわれることだ。一億人がみな安直な政治評論家のようになって、また新聞やテレビ報道も、政治家の揚げ足取りのようなことばかりしている。

だから政治家は「ものいえば唇寒し」で、あたりさわりのない答弁をして、ことばだけは、「懸命に」とか「全力で」とか、内容のわからない語句を頻発する。そんないまの未成熟な国民と政治家のあいだに、とてもユーモアなど生まれてこない。

アメリカ大統領だったロナルド・レーガンは、暴漢に狙撃されて重傷を負い、すぐさま手術を受けることになった。その執刀医がやってきたとき、レーガンは、「君は共和党支持者だろうね」と訊いたという。このユーモアセンスがアメリカではいまだに語られる。

宮中での園遊会の日は肌寒く、昭和天皇は吉田に近づかれて、「吉田は寒くないかね」とおたずねになった。そのときの答えが右のことばである。

陛下もさも愉快そうに高笑いされたという。

このエピソードを「文藝春秋」に書いた外交官の加瀬俊一《としかず》も百歳の長寿をまっとうした。

自ら省みて直くんば、千万人といえども我行かん。

横山大観

よこやま・たいかん――日本画家

一八六八年十一月二日生〜一九五八年二月二十六日没　八十九歳

朝日の美術記者だった米倉守が、おもしろいことをいっている。大学を語る場合、東京大学にぶつからざるを得ないように（現代日本画家は）大観にぶつかるのである（「アサヒグラフ美術特集・横山大観」の作品解説）。

また、その稿のなかで、加山又造から、ほとんどの画家は画面のどこから筆を入れて、どこで終わっているかが見抜けるが、どうしても大観だけはわからない、といわれたことを書いている。

そして、大観様式を超えるのは、いつも大観本人であったと評し、この時代はいまだ大観を超える大器の登場をみていない、といっている。

横山大観や菱田春草の朦朧《もうろう》体は「江戸時代以来の日本画をいったんぶち壊した」（同書解説・細野正信）が、当時の画壇からは「悪魔のように嫌われた（同氏）という。

戦国時代の楚の高士屈原を風のなかに描いた「屈原」に、右のことばを思い浮かべることができよう。

ただ、大観にもざっくばらんなところがあって、下谷神社（台東区）から拝殿の天井絵を頼まれると、地元のよしみで快く引き受け、揮毫《きごう》料など要らぬから、大勢で両手に酒をぶらさげてこい、といったというエピソードも残っている。

人が僕を必要とするかぎり、僕はその人の要望に応えたいという気持ちがあります。

斎藤茂太

さいとう・しげた――精神科医

一九一六年三月二十一日生～二〇〇六年十一月二十日没　九十歳

平成十八年（二〇〇六）に、九十歳で亡くなった精神科医の斎藤茂太は、「自分でも数えきれない」というほどの本を出してきた。性格論から家族論、人生論、女性論、教育論から旅や酒の話まで、そのテーマは広い。

歌人斎藤茂吉の長男で、弟は作家の北杜夫という血筋、また、おだやかで長躯なイギリス紳士風な容姿が、齢とともに悠揚迫らぬ好々爺《こうこうや》然となり、「モタさん」の愛称で多くの愛読者を獲得していた。

昭和三十九年（一九六四）に岩波書店から頼まれて茂吉の思い出を執筆したことが、原稿用紙に向かうはじめだった（『茂吉の体臭』）。つづいて母、つまり茂吉の妻、斎藤輝子の八方破れの人生を活写した『快妻物語』（文藝春秋、一九七七年）が、斎藤茂太の初期の作品で、それ以降、モタさんは、各出版社からの〝なんでもあり〟の原稿注文に追いかけられることになった。

「家内からはありがたく〝イエスマン〟という称号をいただいております」

というほどで、さまざまな組織団体の役職も引き受けていた。

「人に尽くす」

という姿勢が、自分の人づき合いの根底にある、とご本人との雑談のなかで聞いたことがある。

「うまい！」

斎藤茂太

さいとう・しげた――精神科医

一九一六年三月二十一日生～二〇〇六年十一月二十日没　九十歳

吉行淳之介は、斎藤茂太を軽躁病の精神科医といった。

また、斎藤茂太は、みずからを「訓練を積んだニコニコのプロ」といっている。「訓練を積んだ」というところがミソで、ニコニコの仮面をかぶっていたら、その仮面が自分の顔になったというのである。地のまま人に接することができるのは幼児までのことで、その後はなんらかの芝居っけが必要なのだろう。そのお芝居が自然とその人になる。

斎藤茂太は、日本酒であろうと、ウイスキーであろうとビールであろうと、その日、最初に一杯を飲むとき、「うまい！」と声に出す。妻の家庭料理でも、外食でも、口に入れたとたん、「うまい！」となかば叫ぶようにいうのである。

とにかく、なんでも口に入るものは「うまい」といって飲んだり食べたりする。

「うまい」だけでなく、晴れの日は「今日は気持ちがいい」といい、雨の日は「いいお湿りだな」という。積極的に「わざと」感動する。それが楽しくうれしく暮らす秘訣という。

モタさん、「笑顔の人生」九十年をまっとうしたと拝察する。

自分のいるところから見えるものを、自分のもつ方法で書くという態度は、変らずにきたつもりである。

吉田秀和

よしだ・ひでかず――音楽評論家

一九一三年九月二十三日生～　現・九十八歳

大正二年（一九一三）九月二十三日生まれだから、九十八歳になるが、吉田秀和はいまだ音楽評論に健筆をふるっている。昭和二十一年（一九四六）に「音楽評論」（音楽之友社）でモーツァルトを執筆して以来の著述活動で、平成十六年（二〇〇四）に吉田秀和全集が二十四巻の大部で完結という、息の長い評論家として、同十八年には文化勲章も受章している。

右のことばは、『音楽 展望と批評3』（朝日文庫、一九八六年）の「はじめに」にある。音楽評論以外の分野にも鋭い批評の矢は向けられ、また随筆や翻訳書も多い。

吉田秀和は文章を書くことの修業に、好きな相撲観戦で、取組の描写をすることをくりかえした。

「相撲をみて、その勝負の経過をなるべくくわしく、正確に記述する練習をしたぐらいのものだ。ただし、その訓練は何年もやった。そのため書きつぶしたノートは、ずいぶんの量にのぼる」

と『私の文章修業』（朝日新聞社、一九七九年）に書いている。そして勝負を決定する「急所」を見逃さず、その重要性を正確に評価できるか、それが記述できるか。ずいぶんと訓練したようだ。

自分の持つ方法で、ということばは重い。

自分の働いたお金を心ゆくまで使い、誰に遠慮なく財布が空になるまで使い、銀座を我がものの如く歩いた時代はもう自分には戻らないのではないかと思うと、いささかどころではなく大いに淋しい。

鈴木真砂女

すずき・まさじょ——俳人

一九〇六年十一月二十四日生〜二〇〇三年三月十四日没　九十六歳

九十二歳で俳句界の大賞である「蛇笏賞」を受賞した鈴木真砂女は、そのときある老人保健施設にいた。授賞式は車椅子になるだろうと考えていた。俳人冥利につきるという蛇笏賞。真砂女は、「出会いによって運命は大回転するもの」と思う。

明治三十九年（一九〇六）千葉県鴨川の老舗旅館の娘として生まれた真砂女（本名まさ）は、二度目の離婚後、五十歳近くで銀座に小料理屋を出す。それ以前から久保田万太郎の「春燈」に属して俳句を詠んでいたが、忙しい店と俳句を両立して「女将俳人」とよばれた。

丹羽文雄や瀬戸内寂聴など文壇や財界人との交流で、銀座の店も俳名も高まっていく。「好き勝手に生きて来たさまざまな過去を考えると、冷や汗の出る思い」と振り返るように情熱的な恋の句も多く、その生き方とともに注目されていた。

そんな忙しく働くことが好きな真砂女が、激しい腰の痛みで入院したあと、老人施設に移って、いつここから出られるかと不安になったとき、右のことばになった（『銀座諸事折々』角川書店、二〇〇〇年）。

鈴木真砂女は八冊目の句集をのぞみながら、平成十五年（二〇〇三）三月に九十六歳で亡くなった。

「物ごとには、あきらめていいときと、まだあきらめてはいけないときがございます。私はどんなに苦しくてもなかなかあきらめない性質《たち》でした」

森 光子

もり・みつこ――女優

一九二〇年五月九日生～ 現・九十一歳

京マチ子、山本富士子、原節子、高峰秀子、有馬稲子、山田五十鈴、淡島千景と名女優たちを列記してみたが、森光子を含めて、年齢順に並べてみてください、といわれたら、どうなりますか。

森光子は、まだ「いま」の女優という感じがしませんか。「放浪記」の主演公演の二千回達成は、二〇〇九年（平成二十一）五月のことで、NHKの紅白歌合戦などでもお目にかかっている。

四十一歳のとき「放浪記」で主役デビューと遅咲きの女優であった。それまで嵐寛寿郎の縁戚にあたることから、若くして映画に出演していたが、舞台も含めて、みな脇役であった。たしかに右の女優たちが大輪の花とするならば、森光子は山野草のようにみられよう。

「あいつより上手いはずだがなぜ売れぬ」は森光子が詠んだ川柳らしい。売れぬことに挫《くじ》けず、あきらめずして、二〇〇五年（平成十七）、文化勲章、〇七年、女優としてはじめて国民栄誉賞を受賞した。右のことばは、自伝『あきらめなかったいつだって』（PHP研究所、二〇一一年）に拠る。

ところで、年齢順は山田五十鈴（一九一七年生）、森光子、原節子（一九二〇年生）、京マチ子、淡島千景、高峰秀子（以上、一九二四年生）、山本富士子（一九三一年生）、有馬稲子（一九三二年生）でした。

おしゃもじは豊かな食べものをよそうことは主婦の願いであるし、〝めし取る〟、闘いとるという意味もある。

奥むめお

おく・むめお――婦人運動家

一八九五年十月二十四日生～一九九七年七月七日没　百一歳

奥むめおは、割烹着とおしゃもじで消費者の立場を訴えた「主婦連」の会長。主婦連のシンボルになったおしゃもじについて訊かれたとき、奥は右のように答えた。

むめお（本名梅尾《むめお》）は明治二十八年（一八九五）福井市乾下町に生まれる。大正元年（一九一二）日本女子大の家政科に入学。英文科などを希望したが親に反対され、同科にしたが、良妻賢母教育に反発して、図書館で本ばかり読む学生生活をおくる。

大正九年（一九二〇）に平塚らいてう（らいちょう）たちと新婦人協会を設立して、婦人参政権の運動をおこなう。昭和二十二年（一九四七）から三期参議院議員。その間、二十三年には主婦連合会の会長となる。

『野火あかあかと 奥むめお自伝』（ドメス出版、一九八八年）の巻末に、長男から生まれた女児に、おばあちゃんにあやかるような名をつけてほしいといわれたとき、むめおはいう。

「わたしはよい妻にもなれなかったし、女としての一生が幸せだったとも思っていない」

だからおよめさんにあやかる名にしたほうがいい、と。貧乏を子どもにしいて、運動に走っていた若いころのことを、むめおは思い出したのだろう。

お客さまはお送りすると同時に忘れ、新しい気持ちでつぎのお客さまをお迎えするのです。

ずっと、私はいつも鏡を見て、顔を大事にしてまいりました。顔を大事に、といっても、年齢をごまかすのではなくて、いつも穏やかな、やさしい心でいられるようにと、鏡を見ながら自分を仕向けてきたのでした。

竹谷年子

たけや・としこ――帝国ホテル接客係

一九〇九年十一月二十三日生～一九九六年八月二十八日没　八十六歳

昭和八年（一九三三）六月三十日、竹谷年子は採用条件の二十五歳ぎりぎりで、帝国ホテル女子客室係一期生として入社した。体をこわしていた父親に代わって、家計を支える必要があった。

当時の犬丸徹三支配人（のちに社長。一八八七〜一九八一）は、「帝国ホテルは日本の玄関である」として、客室係の一挙手一投足が、まず最初の日本の印象になるから、細心の注意を払うようにいった。

それから五十年間、竹谷は帝国ホテルの変遷とともに生きてきた。インペリアルスイートの係となり、エリザベス女王をはじめ、世界のVIPのお世話をしてきた。昭和四十一年（一九六六）運輸大臣賞、同五十七年（一九八二）には黄綬褒章が与えられている。

『帝国ホテルの昭和史』は竹谷年子が書いて、主婦と生活社が出版した本だが（一九八七年）、そのタイトルにくらべ、ごくささやかに「客室係がみた」と副題（奥付にはない）が添えられていて、せっかくのご苦労がもの悲しい。

平成八年（一九九六）竹谷は、帝国ホテルでの思い出をいだいて、八十六歳で黄泉《よみ》へ旅立った。

「うちは父が役者でしたから、〝なった以上は一生つづけろ〟と言われてましたので。それに第一、潰しがききませんもの」

山田五十鈴

やまだ・いすず――女優

一九一七年二月五日生〜　現・九十四歳

大正六年（一九一七）二月五日、新派の女形山田九州男《くすお》を父として山田五十鈴（本名美津）は生まれる。母は大阪新町の芸者であった律。父は役者として脚光を浴びたときもあったが、五十鈴が生まれたころは生活苦に悩んでいて、母と子は清元で身を立てるべく、清元梅吉の内弟子になった。懸命な稽古を積んで、五十鈴は十一歳で名取となる。

そして、十四歳のとき日活に入社、五十鈴の芸名をもらって、大河内伝次郎主演の「剣を越えて」でデビューする。その後、数多くの映画出演があって、昭和三十四年（一九五九）にはじめて新劇と歌舞伎座の舞台を踏む。

山田五十鈴の周囲に登場する男性は多く、スキャンダラスな噂の半生であったが、ひとり娘の瑳峨三智子との親子関係は、お互いに「あんた」とよぶ冷ややかなものでとくに注目されていた。しかし、瑳峨三智子は芸能界から遠ざかり、バンコクで急死する。当地で茶毘《だび》に付されたが、五十鈴は行っていない。

「舞台を前に行くことはできません。父とも母とも遺骨になって対面しました。娘もお骨で迎えます。それが私の宿命です」と稽古場での記者会見で答えている。役者魂というか、潰しのきかない「女優」一途の人生である。この話は藤田洋著『遍歴 女優山田五十鈴』（河出書房新社、一九九八年）に拠る。

◆100歳のことば「私からのひと言」

創《はじ》めることは未来に花を咲かせることだ。

日野原重明

二〇〇〇年（平成十二）九月末に、七十五歳以上で元気な方によびかけて「新老人の会」を発足させました。

そこで三つの提唱をしました。

一、愛し愛されること。二、創《はじ》めること。三、耐えること。

このうち二の「創めること」についていうと、むかし「六十の手習い」ということばがあって、晩学をたとえたものです。

それを七十五から、何か新しいことを創めようとスローガンにしたのです。

私は還暦を迎えたとき、哲学者マルティン・ブーバーの『かくれた神』を読んで、そのなかに、

「人ははじめることを忘れなければいつまでも若く、老いることも楽しからずや」

という意味の文章を読んで、ハッとしたのです。

老いることは、物事をはじめなくなることです。もうこのままで終わりだと萎縮することです。しかし、私はこの「創める」こと、すなわち未来に花を咲かすことを願うようになって、今日までさまざまな活動を創めているのです。

第五章

人の世を見さだめる

人間に生まれつきの才能や素質などありません。育て方、つまり人の能力は環境が育てるのです。

鈴木鎮一

すずき・しんいち――バイオリニスト

一八九八年十月十七日生～一九九八年一月二十六日没　九十九歳

「鈴木メソッド」で知られる鈴木鎮一も長寿であった。明治三十一年（一八九八）十月十七日、名古屋のバイオリン製作会社を営む家に生まれるが、演奏することより、名古屋商業に進学、会社を継ぐことを考えていたという。

そんなとき父親が買ってくれた蓄音機でバイオリンの名演奏を聴き、独学で弾きはじめ、二十一歳のとき、幸田露伴の妹、安藤幸に師事して、のちにドイツに留学する。

帰国後、帝国高等音楽学院の教授としてバイオリンを教え、昭和十年ころから幼児の才能教育をはじめる。昭和二十三年（一九四八）に才能教育研究会とする。江藤俊哉、豊田耕児、諏訪根自子、黒岩ユリ子、佐藤陽子といった世界的に認められる演奏家を育てる。

「私の目的は英才教育ではない」といい、赤ん坊が自然にことばをおぼえるような「母国語の教育」方式で、幼いときから、超一流のバイオリニストの演奏を聴かせる、ただそれのくりかえしという（小学館「サライ」のインタビュー）。

前から、みずからの定年は百二十歳と決めているといっていたが、一九九八年（平成十）に九十九歳で亡くなった。

なんとまあ、昔のひとの強かったことか。

岡本経一

おかもと・きょういち——出版人

一九〇九年三月二十五日生~二〇一〇年十一月十五日没　百一歳

岡本経一は、岡本綺堂の書生から養子になった人で、一般には出版社「青蛙房」の創業者として記憶されている。家の書棚を見ても、『品川宿遊里三代』『日本橋魚河岸物語』『江戸服飾史』『新版寄席育ち』といった、いずれも函入りの本があって、これらの題名からわかるように、江戸関連の出版を専《もっぱ》らにしている。そのことで昭和四十二年（一九六七）に菊池寛賞を得ている。

その経一が養父綺堂の日記を昭和六十二年（一九八七）に出版している（『岡本綺堂日記』青蛙房）。

周知のように岡本綺堂（一八七二〜一九三九）は新聞記者をへて劇作や小説を書き、代表作に『修禅寺物語』や『半七捕物帳』がある。その書斎生活を経一はつぎのように書く。

「それがいったん机に向かうと、正坐して脊骨しゃっきり、うかつに言葉もかけられない。無論に冷暖房の設備はなく、夏は蚊と蝿に攻められながら、汗っかきで一日に何度も浴衣を着替えて、団扇ひとつが防禦の武器である。冬は手あぶりの小火鉢ひとつで、なんとまあ、昔のひとの強かったことか」

岡本経一の青蛙房も時流にながされず強固な志で良本を出版してきた。経一は平成二十二年（二〇一〇）百一歳を一期とした。

本能で振り動かされている欲の塊の生きものが人間である。

金子兜太

かねこ・とうた——俳人

一九一九年九月二十三日生〜　現・九十二歳

埼玉県の秩父に生まれ育ち、やがて熊谷の土の上に立って暮らしはじめた俳人・金子兜太は、人間に対する結論を得たという。

人間も本能で動いている動物にすぎない。その本能生活のなかに、「社会」というものが入ってくると、どうしてもいろいろな形で、名誉欲とか金銭欲とかの欲を募《つの》らせる。

いっぽうで本能にあるアニマ（魂・霊魂）や生命に対する親近感もあり、そこに立脚しているのも事実だとみて、

「アニマを信仰している人間の本能と、すぐ欲に傾いて利己的になっていく人間の本能と、この二つが渦巻いているのが人間の姿だということが見えてきました」（日野原との対談で）

といい、ちょっとまちがえれば欲の多い、くだらないものに人間はなってしまうから、「生きもの感覚」をいたわりつつ、「土」との接触を深めていくことを生活の心得とするのがいい、というのである（傍点筆者）。

人間は自身を取り締まれる人間になることだ。人は許すかもしれないが、自分は許さない、という人間になりたいと考えている。

松下幸之助

まつした・こうのすけ――実業家

一八九四年十一月二十七日生～一九八九年四月二十七日没　九十四歳

このことばは、「小人閑居して不善をなす」、つまり徳のないものは、暇でいるとよくないことをするものだ、ということに通じて、徳のないものというのは、私たち凡人のことであるわけだ。

人間の本質は、偉そうなことをいっても、暗がりでは何をするかわからないもので、監督するものがいなければ悪いことをする。どんな場面に立とうと、最善をつくすという人は実際にはいない。それが人間の弱さだ、と幸之助はいう。だから、

「やかましく怒られて、しかたなくやってきたことが習い性になり、やがてその人の立派な習性になって、それが生活となる」

としている。

見出しのことばは、仕事の先輩でも、得意先でも、いい仕事、いい製品をとことん要求する人がいなければ、勉強しなくなる、向上しなくなる、という仕事や商売の話から、敷衍《ふえん》して、幸之助が人間としての理想を述べたもので、「なりたいと考えている」に妙味があろう。

このことばも、松下幸之助が六十八歳のとき、「実業の日本」誌に連載した文章で、いま『物の見方 考え方』（PHP文庫、一九八六年）に収められている。

あとの一〇ないし二〇パーセントの人事の尽くし方いかんによって、その運命にいっそうの光彩を加えることができる。

松下幸之助

まつした・こうのすけ――実業家

一八九四年十一月二十七日生〜一九八九年四月二十七日没　九十四歳

このことばの前段は、「私は、お互いの人生は、八〇パーセントないし九〇パーセントまでは天の摂理によって定まっているのではないかと思います。しかし……」という文章で、これは幸之助がつねにいう運命論によっているが、天命や寿命のほかに「人命」「人寿」といった人間の力、努力で加えられるものもあると強調している。

九歳で奉公に出た幸之助は、みずからいうように蒲柳《ほりゅう》の質《たち》で、二十歳のころ肺尖カタルを患い、独立してからも寝たり起きたり、医者の手を煩わすことが多かったから、そう長生きできるとは思わなかったようだ。

それが今日、九十歳まで元気で仕事ができている（『人生心得帖』ＰＨＰ研究所、一九八四年）という。つまりこの人間の寿命というのは、人知を超えたものだろう、と思うのだ。

しかし、一割か二割の部分は、人為によって伸びたり縮んだりすることがあろう。

「つねに自分で自分を励まし燃え立たせつつ、日々なすべきことに取り組む」

幸之助は、九十歳からの人生に新たに、希望と勇気を持って歩こうとしている。

人間の年輪というものは、金や知識では買うことができない。

石坂泰三

いしざか・たいぞう——経営者

一八八六年六月三日生〜一九七五年三月六日没　八十八歳

それは経営者にかぎらないかもしれないが、上に立つ男たちの顔が頼りなく見えてしかたがない。長机に並んで頭を下げる大企業の社長、銀行の頭取たち。

本書にあげた石坂泰三や土光敏夫、松下幸之助、石田禮助、さらに本田宗一郎らの風貌を筆者は思い出している。それにくらべ、大丈夫だろうか、いまの日本は……。

石坂泰三は逓信《ていしん》省から第一生命に入り昭和十三年（一九三八）に社長になった。戦後の公職追放解除後、東芝の再建をはたす。昭和三十一年（一九五六）経団連会長、同四十年（一九六五）日本万国博覧会協会会長などを歴任した。

氏の娘さんが書いた一文があって、そのなかに、

「公平に見て、父は特別にすぐれた頭脳の持ち主ではない。ただ少しでも他の人たちから秀《ひい》でたとすれば、物事にたいする一種のカンのよさと誠実さとともに、非常に勤勉だったからだと思われる。いまなお（八十五歳当時、筆者注）、英語やドイツ語の本を読むときには、虫眼鏡をつかって辞書をひいている」

とある（一九七二年二月号「文藝春秋」、『「男の生き方」四〇選』再録）。

若いとき、その美しい首すじに、大きな真珠のネックレスを飾ってみたいと願っても、それが自分の手で購《あがな》えるころには、もう真珠が似合う美しさは、その首すじから消え失せているのである。

岩谷時子

いわたに・ときこ――作詞家

一九一六年三月二十八日生～　現・九十五歳

「ウナ・セラ・ディ東京」「夜明けのうた」「ベッドで煙草を吸わないで」「恋の季節」「君といつまでも」などなど、年配者には懐かしい歌ばかりである。その作詞家の岩谷時子は一九一六年（大正五）三月二十八日、京城（ソウル）に生まれ、西宮で育った。

「お前に残してやる財産がないから、その代わりに学校へ行きなさい」という父親は、あまり豊かでない家計から時子を神戸女学院に入れてくれた。宝塚に住まいを移し、時子が宝塚歌劇団出版部に勤めはじめたころ、「親子三人抱きあって寝たいような淋しい夜」の翌日に父親は亡くなった。

その後、岩谷時子は越路吹雪が宝塚をやめて東宝の専属になった同時期にやはり東宝の文芸部に移っている。そして越路吹雪のマネージャー役も兼ね、また作詞をはじめる。

『愛と哀しみのルフラン』（講談社、一九八二年）は、越路吹雪が昭和五十五年（一九八〇）に亡くなってから書かれたはじめての随想集で、越路の思い出が大半のページを占めているが、ときに岩谷時子の、じしん「古風なコメディ」という人生が語られる。

右のことばは、「この世に完璧な幸福はない」と題した文章にある。しかし、女性には辛辣《しんらつ》な語りでいささか慄然《りつぜん》とする。

政治とは、お世辞と生死の間を往来するものである。

中曽根康弘

なかそね・やすひろ――政治家

一九一八年五月二十七日生～ 現・九十三歳

講談社から平成四年（一九九二）に刊行された『政治と人生――中曽根康弘回顧録』は十一章のうち、九章分が首相になる前の話で、その前半は政治家への道を選んだ青年の言動が中心となっている。

中曽根が一九四七年（昭和二十二）に代議士に初当選してからの政治活動も克明に記述してあり、好感の持てる回顧録である。

大正七年（一九一八）五月二十七日に生まれた中曽根康弘は九十三歳になる。代議士としての議席はないが、まだしばしば発言をもとめられる最長老格の人物といっていい。

右のことばは、政治家というものは、当選するまでは（大衆民主主義の現代ではと但書がある）道端のお地蔵さんにもお辞儀をして、お世辞をふりまかなければならず、しかし当選すれば、人間の生死にかかわる重大な案件を処理する職務を遂行する。

この世俗さと厳粛さを「政治」ととらえている視座は、やはり練達な政治的人物である。

しょせん政治家にとって政治とは「いかに内閣をつくり、また内閣を倒すか」ということに帰着する。

中曽根康弘

なかそね・やすひろ――政治家

一九一八年五月二十七日生～ 現・九十三歳

このことばも、なるほどと納得させられる。「政治は一種の人間交響曲である」という、この稿の書き出しはいただけないが、与党と野党、与党内部の権力への攻防のすさまじさは、われわれも新聞などで知ることだ。

「政治とは純情と献身、嫉妬と怨念の暖流と寒流の交錯する海を泳いでいくことである」

二十八歳で群馬三区から国会に入った中曽根は、片山哲、芦田均、吉田茂、鳩山一郎、石橋湛山、岸信介、池田勇人、佐藤栄作、田中角栄、三木武夫、福田赳夫、大平正芳、鈴木善幸といった総理大臣をじっくりとながめ、昭和五十七年（一九八二）十一月二十七日から、四年十一ヶ月の長期政権を築いた。

一年ごとに交代せざるを得ない最近の総理大臣を考えると、中曽根の「泳法」をすこし見習ったほうがいいような気がするが。

この回顧録には最後に泣かせどころがある。それを引く。新税問題で四面楚歌になったある日、

「公邸に帰ると、妻は暗い部屋で一人ぽつねんと私に悪口を浴びせるテレビを見ていた。その後ろ姿を見て、私は声をかけることができなかった」

と述懐している。

私は自由主義者ではあるが、国家に対する反逆者ではない。

石橋湛山

いしばし・たんざん——政治家

一八八四年九月二十五日生〜一九七三年四月二十五日没　八十八歳

戦前、戦中と軍部の圧力にも、自由主義の旗をおろさなかった石橋湛山は、GHQから公職追放の処分を受ける。その適否委員会に湛山が提出した書簡に、右のことばがある。

そのつづきを読んでみよう。

「私も、私の死んだ子供も、戦争には反対であった。しかしそうだからとて、もし私にして子供を軍隊に差し出すことを拒んだら、恐らく子供も私も刑罰に処せられ、殺されたであろう。諸君はそこまで私が頑張らなければ、私を戦争支持者と見なされるであろうか」

石橋湛山の息子は、昭和十九年（一九四四）二月、ケゼリン島で戦死した。その弔いの席で湛山が述べたことが、この書簡の前段にあって、

「私はかねて自由主義者であるために軍部及びその一味から迫害を受け、東洋経済新報も常に風前の灯の如き危険にさらされている。しかしその私が今や一人の愛児を軍隊に捧げて殺した。私は自由主義者ではあるが、国家に対する反逆者ではないからである」

『戦う石橋湛山』（東洋経済新報社、一九九五年）を著した半藤一利氏は、「読みすすめてそこに達したとき、眼裏が熱くなり活字がにじんでそれ以上すすめなかった」と感動を伝えてくれている。

ハムを食べると同時に、カマボコも食べているわけです。

梅棹忠夫
うめさお・ただお——文化人類学者

一九二〇年六月十三日生〜二〇一〇年七月三日没　九十歳

『文明の生態史観』や『知的生産の技術』などの著作で知られ、国立民族学博物館（通称民博）の初代館長、梅棹忠夫は、平成二十二年（二〇一〇）七月に満九十歳で亡くなった。

文化人類学・民族学や文明史論で多くの論述をおこない、その成果は著作集全二十二巻（別巻一）に収められている。梅棹忠夫は京都の西陣で生まれ、京都帝大理学部を卒業、京大人文科学研究所教授などを歴任し、つねに京都に関心を持ちつづけてきた。

そんな梅棹が京都人の思想について話したものをまとめた『京都の精神』（角川ソフィア文庫、二〇〇五年）という本がある。そのなかの「京都文明と日本」に日本の西洋化（欧米化）についての論考があり、「歴史的連続体としての日本文明をみないで、皮相な欧米との類似性だけをとりあげて、日本が欧米化したといわれるのは、はなはだ心外」

といい、

「日本の食事がきわめて西洋化した、洋風化したということをみなさんおっしゃいますが、それはまちがいでございまして、豊富化したにすぎない」

として、右のことばに収斂するのだ。

ある意志をもってする他人の行為には、自分の価値観だけで無責任な批判をしないことの大切さを思う。

吉沢久子
よしざわ・ひさこ――評論家

一九一八年一月二十一日生〜　現・九十三歳

いまも家事評論や女性の生き方、とくに老後のあり方について執筆活動をつづけている吉沢久子氏は、大正七年（一九一八）東京生まれ、最近も『93歳。ひとりごとでも声に出して』（海竜社、二〇一一年）を上梓した。夫君は文芸評論家で、戦後は婦人評論や児童文学評論をおこなった古谷綱武（一九〇八〜八四）である。

右のことばは、『吉沢久子の簡素のすすめ』（海竜社、一九九九年）で、冠婚葬祭の簡素化について記述しているなかにある。

つまり、結婚式も葬式も、はっきりした意図があって、簡素におこなおうとする人たちに、これまでの常識にとらわれただけの批判をすることは、その「簡素」という行為をだいなしにしてしまう、というのである。

しかし、ことは冠婚葬祭だけにかぎらない。

右へならえ式の日本的な習慣に、久子氏のことばを警世として受け取るべきであろう。

悲歎にくれているものを、いつまでもその状態に置いとくのは、よしわるしである。

井伏鱒二

いぶせ・ますじ――作家

一八九八年二月十五日生〜一九九三年七月十日没　九十五歳

このことばは、井伏鱒二の出世作「山椒魚」の後半部で見つけて、なるほどと納得した。

明治三十一年（一八九八）に生まれた井伏は、十歳あまり年下である太宰治の面倒をよくみた。右のことばどおりである。

そして、さらに若い作家であった開高健（昭和五年生）からも私淑されていて、開高が、どうしても書けないと悩みを訴えると、「とにかく机にむかって、なんでもいい、あいうえおでもいいから、原稿用紙に字を書いてみることだ」と冗談めかして励ましたそうだ。

さて、うっかりしていて頭が大きくなり、岩屋から出られなくなった山椒魚は、悲歎にくれて、よくない性質を帯びてしまう。で、まぎれ込んだ蛙を外に出さないように意地悪をしてしまうのである。蛙にとっては生死にかかわる。

この小説の結末はともかく、悲歎者が世の中に憎悪の念を抱く前に、手を差し伸べてやることは、現代の凶悪事件の防止にもいえることだろう。

井伏鱒二は平成五年（一九九三）七月十日、九十五歳の生涯を終えた。

◆100歳のことば「私からのひと言」

人間はみな未完成で死んでいき、完成などありえません。完成できると考えるのは人間の傲慢です。

日野原重明

おおぜいの患者さんの死に立ち会ってきましたが、もっとも悲惨な思いをいだくのは、「私には未完成の仕事がある。いまだ死にたくはない」という人です。

働き盛りの年齢で、その仕事の九割が完成目前とします。そのときの患者さんの苦悩は計り知れないものでしょう。中途半端な気持ちで亡くなってゆく無念さを持つ若い人や中年の方がかなりおられます。

しかし、私は人間にはたして完成とか完璧とかということがあるのか、もっと高いところから見れば、いずれも未完成なのではないか、という思いがあります。

たとえ途中で挫折しても、「私の人生には意味があったし、意義があった。労多くして報われることは少なかったけれど、これで満足しておこう」と世を去ることができる人は幸福だと思います。

それぞれの人が、人間にとって何が価値ある人生かということを真剣に見さだめる必要があります。

第六章

芸と技をきわめる

たゆまざる　歩みおそろし　かたつむり

北村西望

きたむら・せいぼう——彫刻家

一八八四年十二月十六日生～一九八七年三月四日没　百二歳

長崎の「平和祈念像」をご存知の方は多いだろう。昭和三十年（一九五五）に完成した像高九・七メートル、右手を天に左手を水平にのばした巨大な男子像である。この代表作のように北村西望は雄渾《ゆうこん》な人体像を中心に創作した彫刻家である。

明治十七年（一八八四）長崎に生まれ、京都市立美術工芸学校（現・京都市立芸術大学）と東京美術学校（現・東京芸術大学）をトップの成績で卒業し、軍役後、創作活動を開始する。大正四年（一九一五）から三年連続で文展受賞、同十年には東京美術学校の教授となる。

「わたしは天才ではないから、才ある人が五年でやることを、十年かけてでもやらなければならない」

ある日、制作中の大きな作品から降りると、足元にかたつむりがいた。翌朝、高い脚立にのぼって制作をはじようとすると、その像のてっぺんに、昨日のかたつむりが登っていたのだ。このことをかたつむりの歩みに教えられたという。たゆみのない仕事をする。

昭和六十二年（一九八七）三月、百二歳で亡くなった。

もうひとつ向こう側に何かある気がする。

中一弥

なか・かずや——挿絵画家

一九一一年一月二十九日生〜　現・百歳

時代小説の愛読者ならば、この人の絵になじみがあろう。端正で古格な落ち着きを感じさせる絵である。

古くは直木三十五の新聞小説の挿絵から、最近は池波正太郎の『鬼平犯科帳』や『剣客商売』などの挿画を、八十数年描きつづけてきた。

明治四十四年（一九一一）一月二十九日、大阪で生まれた。現在、満百歳。現役の挿絵画家である。

中一弥の三男は作家の逢坂剛で、息子の時代小説の挿絵もいま描いている。

「せがれは長生きさせるため、親孝行で仕事をさせているのでしょう。ありがたい」

と、午後は仕事部屋に入る。

「わたしの絵はまだまだ完成していない。もうひとつ向こう側に何かある気がする。やりたいことがやりきれないから、あだやおろそかに日々を暮らしてはいけません」

と語る（朝日新聞・二〇一一年二月八日付「文化」欄、白石明彦）。

ただコツコツとやってきて、気がついたら七十年経っていた、というだけの話なんです。

吉行あぐり

よしゆき・あぐり――美容師

一九〇七年七月十日生～　現・百四歳

その年（一九九七）の四月から吉行あぐりをモデルにしたＮＨＫの朝の連続ドラマがはじまる、というので、いちやく注目されて、雑誌記者のインタビューに答えたのが、右のことばである。「職業婦人の草分け、などといわれますが、私は一介の職人に過ぎません」と。

また、自著『梅桃《ゆすらうめ》が実るとき』（文園社、一九八五年）でも、せっかくの美容室に後継をという声に、

「私が好きでやっていることだから楽しいのであって、好きでもない人が無理にやってもまったく意味がありません」

と、はっきり自分一代のものと宣言している。

そして、自分は人に気を使うほうで、人に気を使わせるなどという生活はできないから、子どもたちの世話を受けたり、老人ホームにご厄介《やっかい》になる気持ちはないとして、

「街の中に死体がころがっているのを見たことがないから、独りになっても大丈夫、死ねばだれかがなんとかしてくれる」

と、気楽に考えているという。

習い事は枠に入って、枠より出でよ。

佐藤忠良

さとう・ちゅうりょう——彫刻家

一九一二年七月四日生〜二〇一一年三月三十日没　九十八歳

本書のため長寿な人たちの、心に響くことばを探しているとき、佐藤忠良氏の訃報に接した。二〇一一年（平成二十三）三月三十日の朝方に老衰のため亡くなったという。

九十八歳の生涯だった。

前に彫刻家は長生きだといったが、佐藤忠良氏も晩年まで制作と後進の指導にあたっていた。日本の彫刻界は最後の巨匠を失った。

一九一二年（明治四十五）宮城県に生まれ、北海道で少年期を過ごし、東京美術学校（現・東京芸術大学）を卒業、応召されシベリアの抑留生活から四八年（昭和二十三）に帰国する。五二年（昭和二十七）に発表した「群馬の人」で注目され、その後、詩情豊かで静謐《せいひつ》なブロンズ像を数多く制作（「帽子・夏」一九七二年など）。近年もっとも親しまれる穏やかな風貌の彫刻家であった。

東京造形大学教授として若い人を育て、「個性」というものは容易にあらわれるものではなく、修練のその果てに生まれるものだ、と説いて、みずからを「粘土の職人」とよんでいた。

教わったものは身につきません。自分が苦労したものだけが身につくのです。

中川一政

なかがわ・かずまさ――画家

一八九三年二月十四日生〜一九九一年二月五日没　九十七歳

神奈川県の真鶴岬に中川一政美術館がある。真鶴町はまちづくり条例に「美の基準」（デザインコード）をもうけている画期的な町で、そのひとつに「建築は場所を尊重し、風景を支配しないようにしなければならない」という約束がある。このような真鶴町の実践はもっと世間に知られていいのだが、そんな町の町立美術館だから、枝葉を広げる緑林のなかに低層の建物を配する心地よい美術館になっている。

中川一政は昭和二十四年（一九四九）、五十六歳のとき真鶴町に画室をかまえて以来、この地を愛した。美術館は平成元年（一九八九）九十五歳のときにできた。

一政は錦城中学を卒業後、油彩を独習したのだが、絵筆をとるより前に短歌や詩や小説を書く文学青年であった。その創作活動は、すべて学校で学んだものではなく、しかも油絵、版画、日本画、陶芸、書など幅広い。わけても全十巻におよぶ全文集（中央公論社）が残るように、画論、随筆に独自の文才を示した。

右のことばは、そんな独学の文人画家が、生前最後の画集（「中川一政近作画集二」右同社）に記した遺稿である。平成三年（一九九一）、九十八歳を十日待たずに永眠した。

稽古しないと心がいらいらして、骨がぴーんと固まるような気がします。命がけの舞を見てもらうには死ぬまで稽古です。

武原はん

たけはら・はん——日本舞踊家

一九〇三年二月四日生～一九九八年二月五日没　九十五歳

このことばは、『武原はん一代』（求龍堂、一九九六年）のなかの芝木好子の文に拠る。

――武原はんの「雪」は、持って生まれたたぐいまれな美貌と、姿のたおやかさ、信じがたい若さ、芸の厳しい修練のあとの気品がそってくる。

明治三十六年（一九〇三）に生まれた武原はんは、大阪の大和屋芸妓学校に入り、山村流の上方舞の手ほどきを受ける。そして一本立ちの芸妓となり、さらに大正十二年（一九二三）、二十歳で大和屋から独立して自前芸者となる。その後、料亭「なだ万」に女将妹分として就職。しかし、新橋芸者に復活して舞の稽古はつづけている。

第一回「武原はん舞の会」を開くのは昭和二十七年（一九五二）のこと（四十九歳）。このころはすでに、高浜虚子、梅原龍三郎、大仏次郎らの知遇を得ていた。舞の会は平成六年（一九九四）の第四十回まで開催された。ふたたび芝木好子の文から。

「毎年春、国立劇場で武原はんの地唄舞の会がある。美しいものに出会う大事な日である。（略）地唄舞はふつうの日本舞踊より動きをおさえた、能とおどりの中間にあるもので、奥が深い」という。

「鏡が私のお師匠さんなんです」と、はんは生涯稽古を怠らなかった。

真に人の心をゆすぶることの出来る作者の身柄というものは、素人玄人を優に脱落したズブの「人間」それ自身でなければなるまい。

永田耕衣

ながた・こうい――俳人

一九〇〇年二月二十一日生〜一九九七年八月二十五日没　九十七歳

孤高の俳人、永田耕衣の七十三歳のことばである。

明治三十三年（一九〇〇）に、いまの加古川市で生まれた耕衣は工業高校を卒業して三菱製紙に入る。

そのころから句作をはじめ、山口誓子に師事する。そして、会社員としては高砂工場の製造部長をへて定年まで勤めあげる。

その作風は「根源俳句」と称され、禅や東洋思想の影響がみられる。一九九五年（平成七）の阪神・淡路大震災を九十五歳のとき経験し、一家離散の状態から、寝屋川市の特別養護老人ホームに入るが、そこで、

「孤独というのは単にさびしいだけではなく、行き着くところでは、またにぎやかなものでもある」

という境地にいたる。

一九九七年（平成九）八月二十五日に九十七歳で没するが、「人間の成長の悲願なくして、何の作家ぞと思う」と、最晩年も道の途中であることを自らに戒めていた。

なお、永田耕衣については城山三郎が評伝を書いた『部長の大晩年』（朝日新聞社、一九九八年）がよく知られている。

いつも一歩下がって自分をきびしい目で見て、
まだまだだめと言っていませんとね。

山田五十鈴

やまだ・いすず――女優

一九一七年二月五日生～　現・九十四歳

右のことばにつづく発言は、

「自分で陶酔して、〈オレは巧い役者だ〉と思っていらっしゃる方も多いですけれど、脇から見ていてちっともそうじゃない方もありますし……。ですから、非情なほどに自分にきびしくないとだめですね」

数学者広中平祐との異色対談で、山田五十鈴が語った「プロ精神」というものだ（「潮」一九七八年八月号）。一九七八年（昭和五十三）といえば、五十鈴が六十一歳で、映画から舞台に重心を置いて十五年ほど経った時期である。

これは、前掲の『遍歴　女優山田五十鈴』（藤田洋著・河出書房新社）のあとがきにある記述で、藤田はさらに十四歳から一貫してスターの座にある「一匹狼」の山田五十鈴を称賛する。

当時「三大女優」といわれたのが、水谷八重子と杉村春子と五十鈴で、水谷には劇団新派が、杉村には劇団文学座がバックにあったが、山田五十鈴には何もない。

そのひとりっきりで芸能界の荒海を泳ぎつづけてきたことに感嘆する。そして藤田は、こういうのだ。

「芸——この言葉ほど五十鈴に似つかわしいものはない」

十六のときから八十を過ぎたそのときまで、往還沿いのその同じ部屋の中に坐ったきりで、人形の頭《かしら》を作っていたのです。

宇野千代

うの・ちよ――作家

一八九七年十一月二十八日生〜一九九六年六月十日没　九十八歳

良人《おっと》の北原武夫（小説家、一九〇七～七三）が従軍記者として外地に出かけたあと、気持ちのはけ口が見つからぬまま、中央公論の嶋中雄作の家に遊びにいった宇野千代は、そこで文楽人形の頭に魅せられる。作者の天狗屋久吉の名を聞いて、千代はなんと翌朝の汽車で徳島に向かう。

八十歳を過ぎた久吉は、まだ矍鑠《かくしやく》として、いちずに人形をつくっていた。「六十何年も坐ったきりで、ただ一つの仕事にかけていたその間に、目に一丁字もない老翁の心に宿ったかと見えるものが、人形に出ているように」、千代には思えたのである。

コツコツと七十年、と吉行あぐりは一介の職人人生を振り返り、文字の読めない徳島の人形師も民家の一部屋を出ることなく、ただひとつの仕事を飽くことなくつづけていたのである。千代は昭和十八年（一九四三）に『人形師天狗屋久吉』を上梓する。

職人のこのような話を聞くと、明治から昭和にかけて筆をふるった言論人の長谷川如是閑《によぜかん》は、手で顔をおおい、声をあげて泣き出したという。如是閑の父親は江戸の大工の棟梁《とうりよう》であった。

目覚めて今日を燃やし、幕が下りて今日を終る。これが役者のなりわいだ。

森繁久彌

もりしげ・ひさや——俳優

一九一三年五月四日生〜二〇〇九年十一月十日没　九十六歳

二〇〇九年（平成二十一）十一月十日、森繁久彌の今日が永遠に終わった。

「華のある」云々としばしばいわれる。世阿弥の『風姿花伝』に「花と面白きと珍らしきとこれ三つは同じ心」なり、とあって、役者に華のあるなしをいわれることがある。

森繁は六十数歳で、役者は技巧だけではどうにもならないとして、「役者はその人物の持つ魅力が第一で、それを役者の華とでもいうのだろう。つまりは役の人物と本人をまぜ合わせてお客の心に生きるようにならねば、人は銭を払って見に来てくれぬことを知った」と悟るのである。

芸談というものは、人生の真理をつくことがある。若い森繁が尊敬する先輩から聞いたつぎのことばも、真理であろう。

「役者はピンとキリを知っておれば、真中《まんなか》は誰でも出来ます」

ここでいう「役者」を何か別の職業に代えてもいい。経営者か総理大臣か、また普通に暮らす私たちにか――。

もう五年生きていたら、ほんとうの絵かきになれる。

葛飾北斎

かつしか・ほくさい——浮世絵師

一七六〇年十月三十一日生〜一八四九年五月十日没　八十八歳

嘉永二年（一八四九）、数えで九十の葛飾北斎は死にのぞみ、

「天、われに十年、願わくば五年の寿命をのばしてくれるなら、真正の画工となるであろう」

とつぶやいた。

「六歳より物の形状を写すの癖ありて」以来、浮世絵師をめざし勝川春章に入門、役者絵や黄表紙の挿画を描き、独立後、三千余図を収めた絵の百科事典といえる「北斎漫画」や「富嶽三十六景」「諸国滝廻り」などを発表、さらに花鳥や美人図の肉筆画に傾注した。

一生のうち転居すること九十数回、画号を改めること二十数回、奇行も多いが、みずからを画狂人と称するほど、画業に多彩な才能と涸《か》れることのない情熱を示した葛飾北斎の最期のことばである。

北斎のいう「ほんとうの絵かき」とは、いったい何なのか。「ほんとう」とは何か、考えさせられる。

芸術に完成はあり得ない。要はどこまで大きく未完成で終わるかである。

奥村土牛

おくむら・とぎゅう——画家

一八八九年二月十八日生~一九九〇年九月二十五日没　百一歳

土牛の号は、中国唐代の僧、寒山の詩のなかに「土牛、石田を耕す」とあり、牛が石の多い田畑を根気よく耕すように精進をつづけろ、と父親が名づけた。父親は絵描きになりたかったが、それをあきらめ出版社を経営しており、自分の夢を息子に託した。

奥村土牛は明治二十二年（一八八九）東京京橋に生まれ、十六歳で梶田半古の画塾に入門、梶田没後は塾頭格の小林古径《こけい》に師事、また速水御舟の研究会へも参加する。

土牛は若くして注目を浴びた人ではない。院展の初入選も三十八歳のときだ。二十三歳の若さで横山大観から絶賛された速水御舟は土牛より五歳年下である。菱田春草（三十六歳で没）、速水御舟（四十歳で没）らにくらべれば、大器晩成といえよう。黙々と田を歩む牛の姿が、土牛の画業に重なる。

自伝（前出書）には写生の話が多い。

菖蒲《しょうぶ》を描くため、毎日堀切の菖蒲園に通ったり、蓮を奈良に見にゆき、毎朝四時に起きて蓮池のある寺へ通ったり、鳴門の渦潮のスケッチでは揺れる船上で、夫人に帯をつかませながら描いたりした。鴉が描きたいと無理に鳥屋に頼んで手に入れ、鴉の足を縛って写生したりと、そこまでするのかと思うほどの熱心さであった。

◆100歳のことば「私からのひと言」

きわめて壮快な気分です。でもこれからが本番です。

日野原重明

私は二〇〇五年（平成十七）に文化勲章をいただきました。授与式のあと、宮中で記者会見がおこなわれ、報道陣からいまの心境はと聞かれたときの答えが、右のことばになりました。

満九十四歳が、これからが本番というのですから、その元気のよさに、みなさん驚かれたようで、一九九〇年（平成二）に日本経済新聞に連載した「私の履歴書」にその後の「履歴書」を加えて単行本にするとき、この「人生、これからが本番」が書名になりました。

いま百歳を迎えて、またいまの心境をたずねられたら、「これからがさらに、本番」の精神は持続しています、と答えるつもりです。

この章で紹介した芸術家や芸に生きる人のことばに、まだその道をきわめてゆきたいという思いが聞こえてきます。

私とて同じ思いです。

編著者紹介

日野原重明（ひのはら　しげあき）

1911年（明治44）10月4日、山口県に生まれる。1937年、京都帝大医学部卒業。1941年、聖路加国際病院の内科医となり、内科医長、院長、聖路加看護大学学長などを歴任。

現在、聖路加国際病院名誉院長、同理事長、聖路加看護大学名誉学長、同理事長、(財)ライフ・プランニング・センター理事長など。

1989年、日本キリスト教文化協会日本キリスト教功労者。99年、文化功労者。2005年、文化勲章。

おもな著書に、120万部のベストセラーとなった『生きかた上手』（ユーリーグ）をはじめ、『死をどう生きたか』（中公新書)、『延命の医学から生命を与えるケアへ』（医学書院)、『十歳のきみへ』（冨山房インターナショナル)、『人生、これからが本番』（日本経済新聞社)、『百歳は次のスタートライン』（光文社)、『いのちを育む』（中央法規出版)、『日野原重明 一〇〇歳』（NHK出版）など多数。


本書は、書き下ろし作品です。

ＰＨＰ文庫　100歳のことば100選

2011年10月21日　第1版第1刷

編著者	日野原重明
発行者	安藤　卓
発行所	株式会社ＰＨＰ研究所

東京本部　〒102-8331　千代田区一番町21
文庫出版部　☎03-3239-6259（編集）
普及一部　☎03-3239-6233（販売）
京都本部　〒601-8411　京都市南区西九条北ノ内町11

PHP INTERFACE　http://www.php.co.jp/

組版	有限会社エヴリ・シンク
印刷所 製本所	共同印刷株式会社

ISBN978-4-569-67732-3

PHP文庫好評既刊

「医者いらず」の食べ物事典

石原結實 著

食生活を意識するだけで健康になれる！ 野菜・果物・肉・魚・乳製品など、〝クスリ〟になる身近な食材の栄養価と理想の摂取法を解説。

定価五一〇円
（本体四九五円）
税五％

PHP文庫好評既刊

歩くとなぜいいか?

大島 清 著

歩く人は「脳年齢」が若い! 時間も場所も選ばない手軽な趣味で、楽しみながら健康な体と若さを手に入れる方法を脳科学者がアドバイス。

定価五四〇円
(本体五一四円)
税五%

PHP文庫好評既刊

子どもの心のコーチング

一人で考え、一人でできる子の育て方

菅原裕子 著

問題点を引き出し、自ら解決させ成長を促すコーチング。その手法を「子育て」に応用し、未来志向の子どもを育てる、魔法の問い掛け術。

定価五八〇円
(本体五五二円)
税五%

PHP文庫好評既刊

10代の子どもの心のコーチング

思春期の子をもつ親がすべきこと

菅原裕子 著

不安定で悩み多き10代の子どもを愛し、ありのままを受け止め、サポートし、自立と巣立ちのためのコーチとして親ができることとは？

定価五八〇円
（本体五五二円）
税五％

PHP文庫好評既刊

私の行き方考え方

わが半生の記録

松下幸之助 著

自らの生い立ちから丁稚奉公、松下電器(現パナソニック)の創業、そして会社が進展していく昭和8年までの数多くのエピソードを交えながら事業成功の秘訣を語る半生の記。

定価五九〇円
(本体五六二円)
税五%

PHP文庫好評既刊

人生心得帖

松下幸之助 著

著者の長年の体験と鋭い洞察から生み出された「人生の知恵」。生きる指針が見失われがちな現代に贈る、貴重な人生の指針の書。

定価五〇〇円
(本体四七六円)
税五％